懐かしい沿線写真で訪ねる

京阪電車

街と駅の1世紀

生田 誠 著

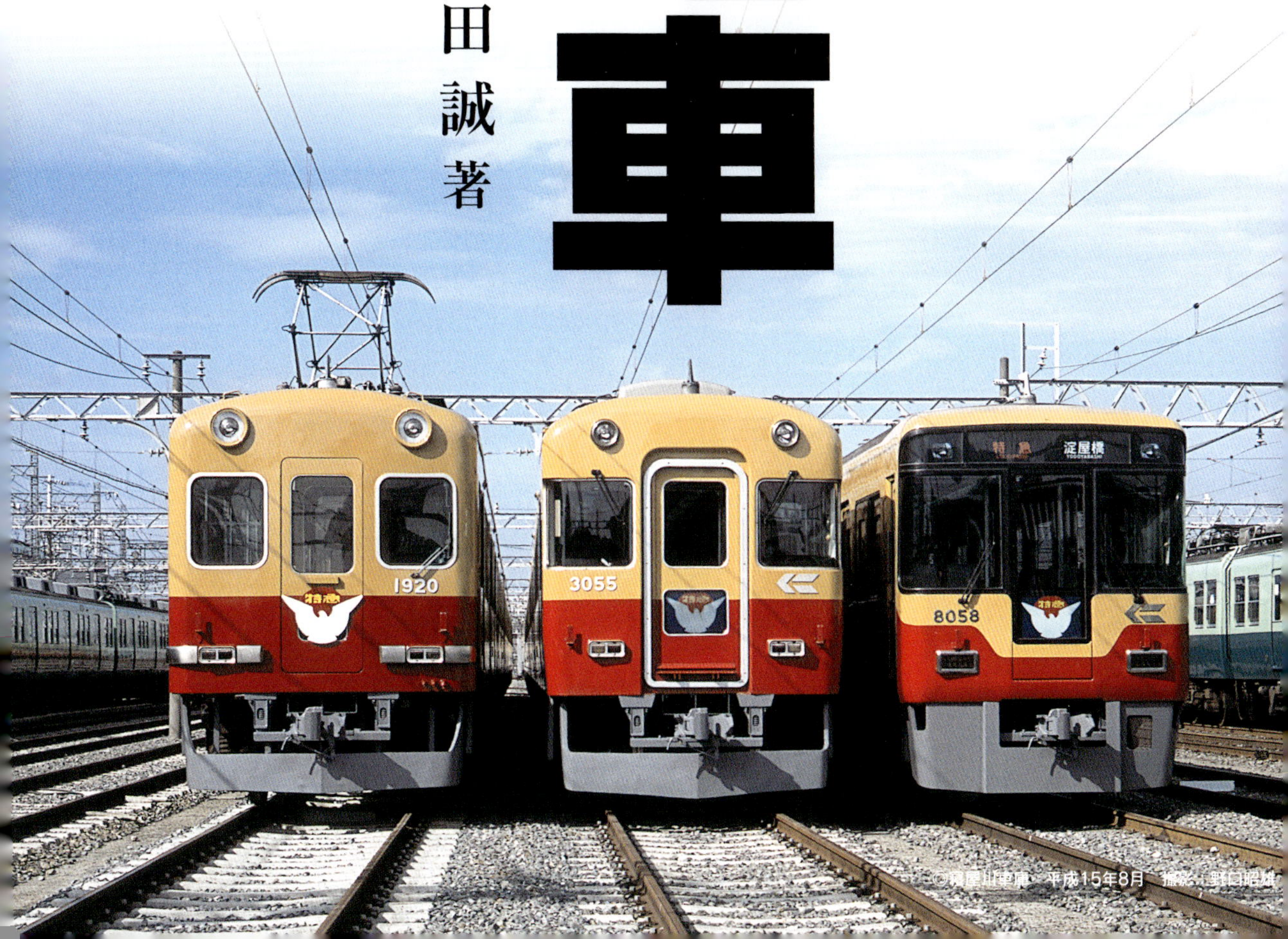

◎寝屋川車庫　平成15年8月　撮影：野口昭雄

嵐山
松尾神社
御所
動物園
坂本
三井寺

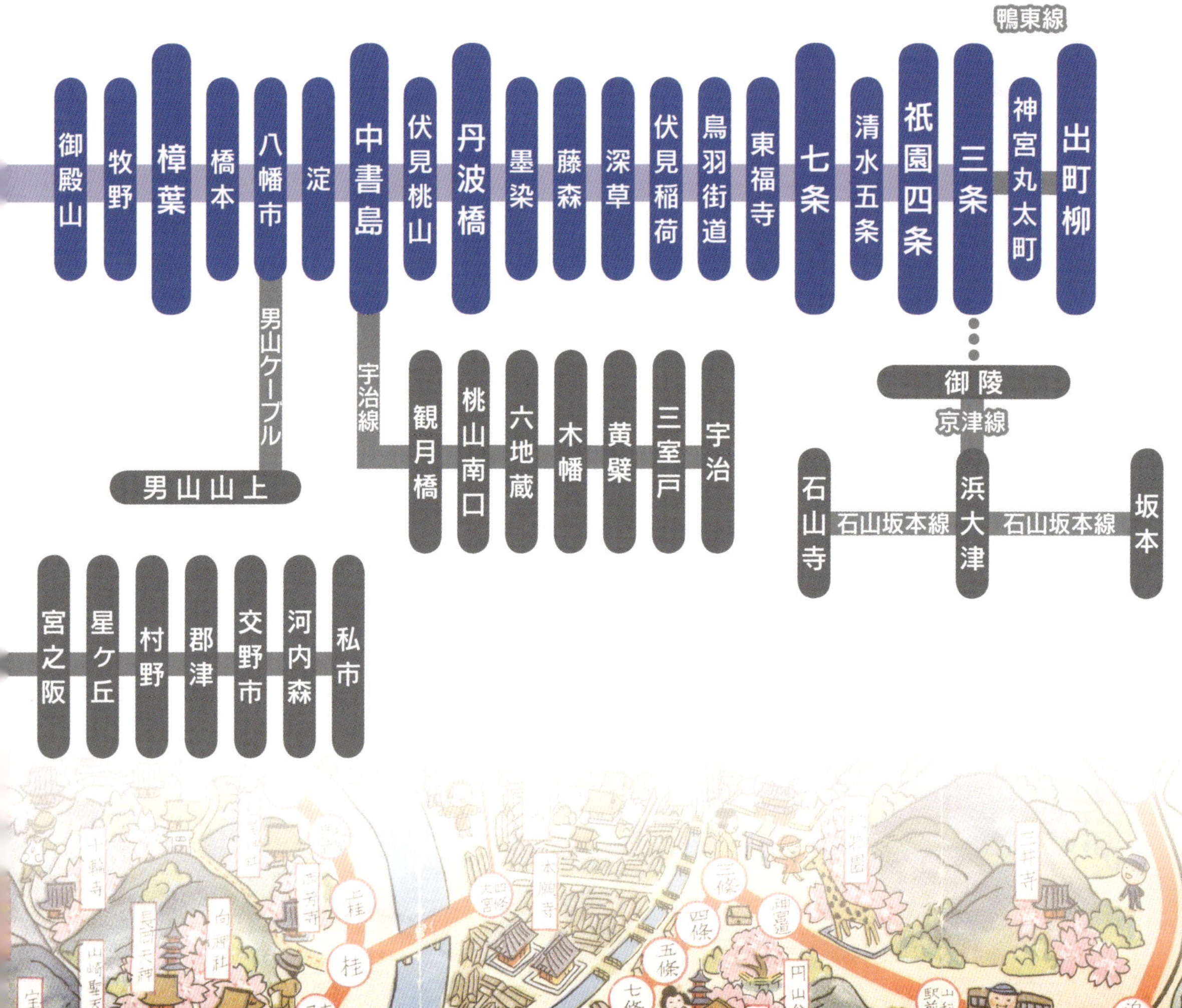
鴨東線
御殿山
牧野
樟葉
橋本
八幡市
淀
中書島
伏見桃山
丹波橋
墨染
藤森
深草
伏見稲荷
鳥羽街道
東福寺
七条
清水五条
祇園四条
三条
神宮丸太町
出町柳
男山ケーブル
男山山上
宇治線
観月橋
桃山南口
六地蔵
木幡
黄檗
三室戸
宇治
御陵
京津線
石山寺
石山坂本線
浜大津
石山坂本線
坂本
宮之阪
星ケ丘
村野
郡津
交野市
河内森
私市

上桂
桂
東向日町
西向日町
長岡天神
大山崎
長岡競馬場
本願寺
三條
四條
五條
七條
いなり
桃山
淀
中書島
神宮道
円山公園
清水寺
稲荷神社
桃山御陵
淀競馬場
巨椋池
六地蔵
黄檗
宇治
万福寺
興聖寺
醍醐寺
石山寺
石山
南郷
外畑
三井寺
八幡
橋本
男山遊園
石清水八幡
源氏の瀧
宇治

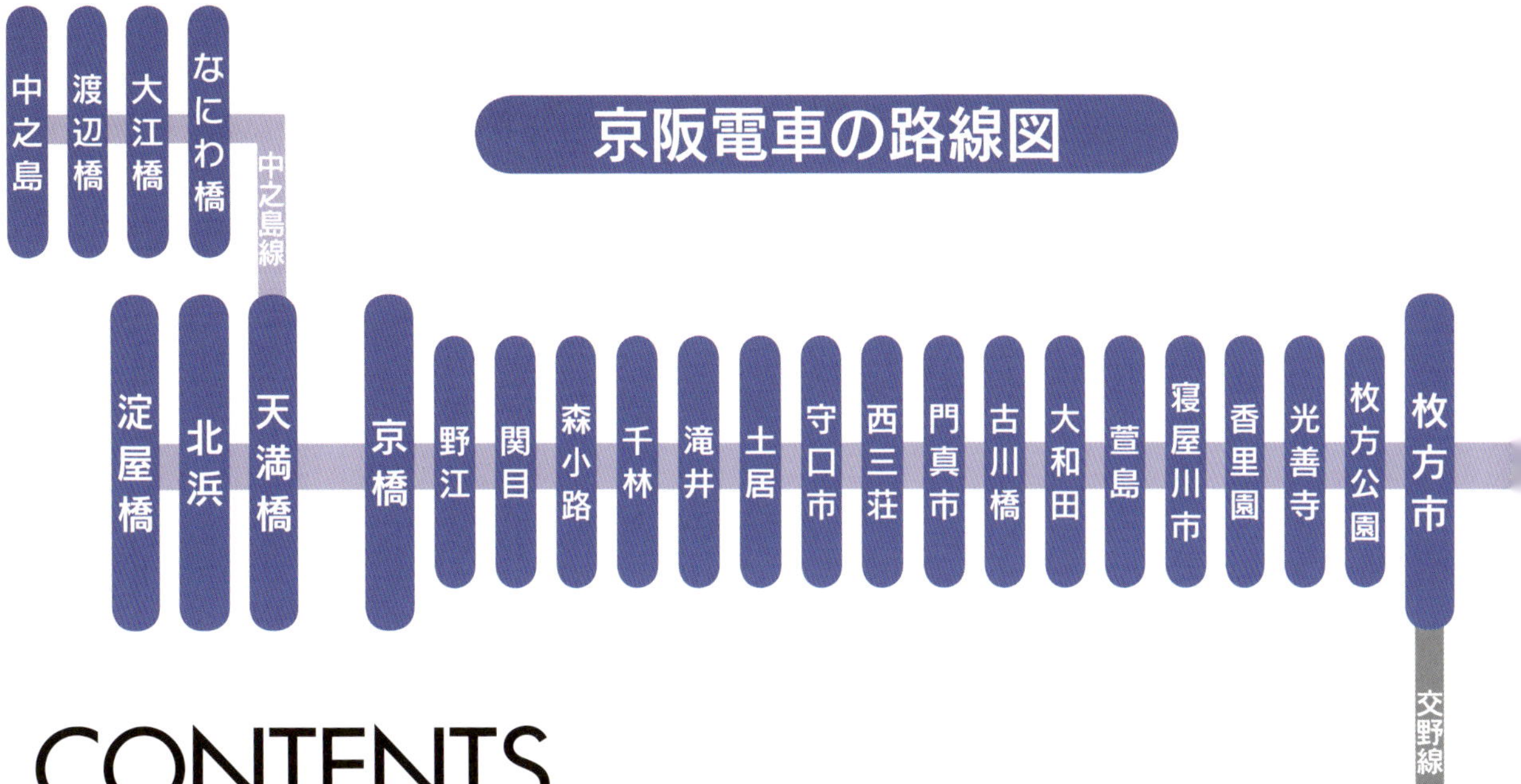

CONTENTS

本書写真解説欄の「現在」とは、本書発行時を意味します。

COLUMN

京阪電車の歴史

私鉄王国・関西の一角を担う 京阪電気鉄道の歴史

藤原 浩

軌道線として開業した 淀川左岸の私鉄

大阪～京都間を結ぶ京阪本線を中心に、淀川左岸(東岸)や琵琶湖南岸に路線網を持つ大手私鉄が、京阪電気鉄道である。かつては「テレビカー」に「ひらかた大菊人形」、近年では「おけいはん」に「ひらパー兄さん」……プロ野球球団を保有した歴史こそないものの、古くからハイグレードな特急列車を運行し、著名人を起用したテレビCMを放映するなど、独特のブランドイメージを持つことで知られる。

淀川左岸に鉄道建設が計画されたのは明治30年代中頃のことで、渋沢栄一や松本重太郎など関東・関西の財界人らが中心となり、明治36(1903)年に「機内電気鉄道」の名称で特許申請がなされている。当時の計画では、起点は商都・大阪の中心に位置する東区高麗橋詰町、終点は京都市下京区の五条大橋東詰。折しも鉄道国有法が検討されている時期であり、申請後も十数度にわたり上申書を提出するなど苦労したものの、明治39(1906)年にようやく特許がおりている。同年、社名を「京阪電気鉄道」と変更、その後も紆余曲折を経て明治41(1908)年に建設が始まり、明治43(1905)年4月15日に天満橋～五条(現・清水五条)間が開業した。

大阪側の起点駅が、特許を受けた高麗橋から天満橋に変更されたのは、大阪市が市内交通の市営主義、いわゆる〝モンロー主義〟による市の強い申し入れによるものといわれる。また軌道条例(後の軌道法)に基づいて認可を受けているため、併用軌道の区間やカーブが多く、天満橋～五条間で所要1時間

京阪本線・鴨東線・中之島線

明治43(1910)年	4月15日	天満橋駅～五条駅間が開業。京橋、野田橋、蒲生、野江、森小路、守口、門真、古川橋、萱島、寝屋川、香里、枚方、枚方東口、牧野、樟葉、橋本、八幡、淀、中書島、伏見、墨染、師団前、稲荷、稲荷新道、鳥羽街道、東福寺、塩小路、大仏前の各駅が開業。
	6月20日	桃山駅が開業。
	12月15日	光善寺駅が開業。京橋駅が廃止。
	12月16日	稲荷駅を深草駅に、稲荷新道駅を稲荷駅に改称。
大正2(1913)年	4月26日	大仏前駅が廃止され翌日七条駅が開業。
	7月29日	桃山駅を丹波橋駅に改称。
大正4(1915)年	10月27日	五条駅～三条駅間が延伸開業。四条駅が開業。
	11月11日	伏見駅を伏見桃山駅に改称。
大正7(1918)年	11月30日	塩小路駅が廃止。
大正11(1922)年	3月23日	運動場前臨時駅が開業し同年11月12日に常設駅となる。
昭和4(1929)年	5月25日	御殿山駅が開業。
昭和6(1931)年	10月14日	蒲生駅～守口駅間のルートが変更され、野江(新)、関目、新森小路、森小路(新)、滝井の各駅が開業。旧線の野江、森小路の各駅が廃止。
	12月28日	森小路駅を森小路千林駅に改称。
昭和7(1932)年	2月10日	蒲生駅が国鉄城東線京橋駅近くに移転。
	6月14日	土居駅が開業。
	10月14日	大和田駅が開業。
昭和13(1938)年	4月1日	香里駅を香里園駅に改称。
昭和14(1939)年	12月25日	八幡駅を石清水八幡宮前駅に、稲荷駅を稲荷神社前駅に改称。
昭和16(1941)年	9月1日	師団前駅を藤森駅に改称。
昭和17(1942)年	4月1日	新森小路駅を森小路駅に、森小路千林駅を千林駅に改称。
昭和18(1943)年	1月20日	運動場前駅を豊野駅に改称。
	10月1日	会社合併により京阪神急行電鉄(阪急電鉄)の路線となる。
昭和20(1945)年	12月21日	奈良電気鉄道(現・近鉄京都線)の電車が丹波橋駅から三条駅まで乗り入れ開始。
昭和22(1947)年	4月1日	京阪線の電車も丹波橋駅から奈良電気鉄道の京都駅まで乗り入れ開始。
昭和23(1948)年	1月1日	石清水八幡宮前駅を八幡町駅に、稲荷神社前駅を伏見稲荷駅に改称。
昭和24(1949)年	10月1日	蒲生駅を京橋駅に、枚方駅を枚方公園駅に、枚方東口駅を枚方市駅に改称。
	12月1日	会社分離により京阪電気鉄道京阪本線となる。

40分と現在の3倍近い時間を要していた。起点駅変更の条件であった市電の天満橋延長も遅れ、開業当初は苦しい経営を強いられている。

しかし、集客のための様々な取り組みが功を奏し、経営は次第に持ち直している。大正2(1913)年には宇治川電気軌道から特許を譲渡された宇治線が開業するが、前年に崩御した明治天皇の伏見桃山陵へのアクセス路線となったことで、宇治線は大勢の参拝者であふれかえることとなる。そして第一次世界大戦による未曾有の好景気の後押しもあって、京阪電鉄は積極的な拡張路線を歩んでいく。

遊園地経営から琵琶湖進出、湖上制覇へ

大正期から昭和初期にかけて、京阪の発展ぶりには目を見張るものがあった。電力会社を次々と買収し、大正11(1922)年には和歌山水力電気と傘下の軌道線(後の南海和歌山軌道線、昭和46年に全廃)を吸収している。また大正8(1919)年に淀川右岸(西岸)の鉄道敷設の特許を取得、昭和3(1928)年に新京阪鉄道(現・阪急京都本線)として天神橋(現・天神橋筋六丁目)~京都西院(現・西院)間が開通した。さらには新京阪線の向日町から分岐し、名古屋まで結ぶ鉄道建設を計画するなど、社名である〝京阪〟エリアを越えて急成長を続けるのである。

また関西の他の私鉄と同様、京阪でも乗客を増やすべく、開業前から沿線開発には積極的であった。最初に目をつけたのが遊園地経営であり、開業に合わせて香里遊園地をオープンさせ、秋には東京の両国国技館で人気のあった菊人形展を催している。香里遊園地はわずか2年で閉じられたが、大正元(1912)年に枚方で3度目の菊人形展が開催され、大正期以降は枚方が遊園地として発展することになる。一方、香里遊園地の跡地は住宅地として開発され、現在に至るまで「香里園」の名で親しまれている。

そして大正末期には、いよいよ琵琶湖への進出が図られることになる。大正14(1925)年に京津電気鉄道(現・京津線)を吸収して足がかりを得ると、昭和4(1929)年には琵琶湖鉄道汽船と合併、現在の石山坂本線となる路線と琵琶湖航路を手中に収めている。

こうして琵琶湖一円を勢力圏とした京阪は、琵琶湖遊覧や竹生島観光、湖北

昭和25(1950)年	9月1日　天満橋駅~三条駅間で特急の運転を開始。
昭和26(1951)年	8月20日　寝屋川駅を寝屋川市駅に改称。
昭和30(1955)年	1月1日　野田橋駅を片町駅に改称。
昭和33(1958)年	12月1日　萱島信号所が開設。
昭和38(1963)年	4月16日　淀屋橋駅~天満橋駅間が地下線にて延伸開業。天満橋駅は移設。北浜駅が開業。
	5月15日　豊野駅が廃止。
昭和39(1964)年	6月1日　萱島信号所を寝屋川信号所に改称。
昭和43(1968)年	12月20日　丹波橋駅での近鉄京都線との相互乗り入れを廃止。
昭和44(1969)年	11月30日　天満橋駅~野江駅間が経路変更され、京橋駅が移設高架化。片町駅が廃止。
昭和46(1971)年	6月20日　新門真駅が開業。守口駅を守口市駅に改称。
昭和50(1975)年	3月23日　新門真駅を門真市駅に改称。門真駅を廃止し西三荘駅が開業。
昭和52(1977)年	11月1日　八幡町駅を八幡市駅に改称。
昭和58(1983)年	12月4日　架線電圧を600Vから1500Vに昇圧。
昭和62(1987)年	5月24日　七条駅~三条駅間が地下化。
平成元(1989)年	10月5日　鴨東線の三条駅~出町柳駅間が開業。丸太町駅が開業。
平成20(2008)年	10月19日　中之島線の中之島駅~天満橋駅間が開業。渡辺橋、大江橋、なにわ橋の各駅が開業。五条駅を清水五条駅に、四条駅を祇園四条駅に、丸太町駅を神宮丸太町駅に改称。
京阪交野線	
昭和4(1929)年	7月10日　信貴生駒電鉄が枚方東口駅~私市駅間を開業。村野、郡津、交野の各駅が開業。
昭和5(1930)年	10月21日　河内森駅が開業。
昭和10(1935)年	12月2日　信貴電磐船駅が開業。
昭和13(1938)年	11月1日　星ケ丘駅が開業。
昭和14(1939)年	5月1日　交野電気鉄道に譲渡。
	5月14日　信貴電磐船駅を交電磐船駅に改称。
昭和15(1940)年	9月11日　中宮駅が開業。
昭和20(1945)年	5月1日　京阪神急行が交野電気鉄道を合併。交電磐船駅を京阪神磐船駅に改称。
昭和23(1948)年	5月1日　京阪神磐船駅が休止され後年廃止となる。
昭和46(1971)年	6月20日　中宮駅を宮之阪駅に改称。
昭和52(1977)年	11月1日　交野駅を交野市駅に改称。
京阪宇治線	
明治43(1910)年	11月22日　京阪電気鉄道が宇治川電気鉄道より路線特許を買収。

のスキー場など観光開発に力を入れることになる。

だが同年に勃発した世界恐慌は日本経済をも直撃し、不景気により経営の悪化した京阪は、事業の多くを手放さざるを得なくなった。拡大路線を終えた京阪は以後、京阪間および琵琶湖エリアの発展に注力することになる。本業以外には手を広げず沿線開発を重視する、現在にも受け継がれる堅実な社風は、この時代に生まれたものといえるだろう。

日本初のロマンスカーや琵琶湖直通「びわこ号」の登場

世界恐慌の痛手から日本経済が立ち直りはじめていた昭和9（1934）年、連接車体の60型電車が登場、天満橋～浜大津間を直通する急行列車が運転を開始する。

「びわこ号」と名付けられた直通急行は、浜大津で島巡り航路や竹生島行き遊覧航路に接続していたほか、冬はスキー場行き航路との連絡にも活躍する。すでに京阪では、転換クロスシートを備えた全鋼製の〝ロ－マンスカ－〟こと1550型が昭和2年にデビューしていたが、流線型の「びわこ号」も斬新であり、高い人気を集めることに成功する。

社会が戦時色を強めはじめた昭和10年代に入ると、ぜいたくなレジャーが自粛を求められる一方、皇室や日本史上の英雄にまつわる史跡めぐりが人気を呼ぶ。京阪でも「堅忍持久の精神の涵養と困苦欠乏に耐へる心身の鍛練に資せんがため」（「趣味の京阪叢書」発刊の言葉、昭和14年6月）、聖蹟史蹟巡歴ハイキングコースが設定され、沿線の神社仏閣、天皇陵などへの参拝ブームが巻き起こっている。

昭和18（1943）年、京阪は阪神急行電鉄（阪急）と戦時統合政策により合併、京阪神急行電鉄が誕生する。終戦直前の昭和20（1945）年5月には交野電気鉄道を吸収、交野線となり、現在の京阪の路線網の骨格が完成した。そして太平洋戦争後の昭和24（1949）年12月1日、京阪神急行電鉄から旧・京阪電鉄の路線が分離、独立して再出発を果たすことになる。しかし新京阪線や嵐山線、千里山線（現・阪急千里線）などの旧・新京阪鉄道の路線は、梅田に乗り入れていたこともあり京阪神急行に残され、現在も阪急電鉄によって運営されている。

大正2（1913）年	6月1日　中書島駅～宇治駅間が開業。観月橋、御陵前、六地蔵、木幡、黄檗山の各駅が開業。
大正3（1914）年	6月5日　三室戸駅が開業（昭和18年廃止、昭和22年再開業）。
大正15（1926）年	日付不詳　黄檗山駅を黄檗駅に改称。
昭和24（1949）年	11月25日　御陵前駅を桃山南口駅に改称。
昭和58（1983）年	12月4日　架線電圧を600Vから1500Vに昇圧。
平成25（2013）年	6月1日　ワンマン運転を開始。
京阪京津線	
大正元（1912）年	8月15日　京津電気軌道が三条大橋駅～札の辻駅間を開業。古川町、応天門通、広道、蹴上、日岡、御陵、毘沙門道、四宮、追分、大谷、上関寺、長等公園下の各駅が開業。
大正10（1921）年	8月13日　毘沙門道駅を山科駅前駅に改称。
大正14（1925）年	2月1日　京津電気軌道が京阪電気鉄道と合併。
	5月5日　札の辻駅～浜大津駅間が延伸開業。
昭和3（1928）年	7月1日　応天門通駅を神宮道駅に、広道駅を岡崎通駅に改称。
昭和6（1931）年	2月20日　岡崎通駅が廃止。
	7月23日　緑ケ丘運動場前駅が開業（翌月廃止）。
昭和11（1936）年	6月25日　大正後期に廃止されていた日岡駅の場所に天文台下駅が開業。
昭和16（1941）年	2月1日　神宮道駅を平安神宮前駅に改称。
昭和18（1943）年	4月15日　天文台下駅を九条山駅に改称。
昭和19（1944）年	4月1日　平安神宮前駅が廃止。
昭和21（1946）年	10月1日　札の辻駅が廃止。
昭和24（1949）年	11月25日　三条大橋駅を京阪本線三条駅に統合し三条駅に改称。古川町駅を東山三条駅に改称。
昭和28（1953）年	4月1日　山科駅前駅を京阪山科駅に改称。
	12月28日　昭和19年に廃止されていた日岡駅（新）の場所に日ノ岡駅が開業。
昭和34（1959）年	3月1日　長等公園下駅を上栄町駅に改称。
昭和46（1971）年	8月15日　上関寺駅が廃止。
昭和56（1981）年	4月12日　浜大津駅を石山坂本線の同駅と統合。
昭和62（1987）年	5月24日　三条駅を京津三条駅に改称。
平成9（1997）年	10月12日　京津三条駅～御陵駅間が廃止。京津三条、東山三条、蹴上、九条山、日ノ岡の各駅が廃止。御陵駅を移設し地下化となり京都市営地下鉄との共同駅となる。地下鉄東西線の京都市役所前駅まで直通運転開始。
平成20（2008）年	1月　太秦天神川まで乗り入れ延長。

「テレビカー」が築いた再出発 京阪のブランドイメージ

昭和25(1950)年、天満橋〜三条間で特急列車が運行をはじめ、翌年には特急専用車として1700系が登場する。また昭和28(1953)年には当時の最先端技術であるカルダン駆動方式を取り入れた1800系が登場するが、さらに1810系、1900系、3000系と、昭和20〜40年代に次々と特急専用車がデビューを飾った。これら特急車はいずれも転換クロスシートを備え、国鉄や阪急に比べ速度では劣るものの快適性が自慢だった。また1800系からは白黒テレビを設置した「テレビカー」が登場するが、平成25(2013)年に役割を終えて運行を終了するまで、約60年にわたり京阪特急の代名詞的存在だった。

一方、昭和38(1963)年には淀屋橋〜天満橋間が開通、創業以来の悲願であった市内中心部への乗り入れを果たしている。始発駅が地下鉄御堂筋線に接続した効果は大きく、また京都側も清水寺など東山の主要観光スポットに近いこともあり、「京都観光なら京阪電車」のイメージが定着してゆくことになる。速度向上のため、大正期以来続けられてきた高架・複々線工事も進み、昭和55(1980)年には淀屋橋〜寝屋川信号所間の立体交差間が完了している。

平成元(1989)年、京阪鴨東線が開業して出町柳で叡山電鉄に接続し、新たに洛北エリアが京阪沿線に組み込まれた。一方で、かつては直通列車も運行されていた京津線と京阪本線は分断され、平成7(1995)年には新たに開業した京都市営地下鉄東西線に京津線が乗り入れるようになる。琵琶湖観光へのアクセス路線から地域のローカル輸送へと、京津・石山坂本線の役割は大きく変わりつつある。

そして平成20(2008)年には京阪中之島線が開業、天満橋から分岐して中之島を東西に貫く新路線が誕生した。将来は西九条への延伸、さらにはベイエリアである夢洲方面への延長も計画されるなど、新たな可能性への模索を続けている。

藤原 浩(ふじわら ひろし)
大阪府泉大津市生まれ。慶應義塾大学卒、教職を経て鉄道研究家。JTBパブリッシング、山と渓谷社、彩流社等から著書多数。

京阪石山坂本線

大正2(1913)年	3月1日　大津電気軌道が大津駅〜膳所駅間を開業。大橋堀、紺屋ケ関、島ノ関、石場、馬場、錦の各駅が開業。 5月1日　膳所駅〜別保駅間が延伸開業。中ノ庄、瓦ケ浜の各駅が開業。 6月1日　大津駅を浜大津駅に改称。
大正3(1914)年	1月12日　別保駅〜石山駅前駅間が延伸開業。 1月17日　石山駅前駅〜唐橋前駅間が延伸開業。別保駅を粟津駅に改称。 2月15日　唐橋前駅〜螢谷駅間が延伸開業。 6月4日　螢谷駅〜石山寺駅間が延伸開業。
大正11(1922)年	5月7日　浜大津駅〜三井寺駅間が延伸開業。同年川口駅が開業(後年廃止)。
昭和2(1927)年	1月21日　大津電気軌道が太湖汽船と合併し琵琶湖鉄道汽船となる。 5月15日　三井寺駅〜兵営前駅間及び山上駅〜松ノ馬場駅間が開業。錦織、南滋賀、滋賀里、穴太の各駅が開業。 8月13日　松ノ馬場駅〜坂本駅間が延伸開業。 9月10日　兵営前駅〜山上駅間が開業し全通。
昭和4(1929)年	4月11日　京阪電気鉄道が琵琶湖鉄道汽船と合併。汽船部は太湖汽船に譲渡。 10月10日　漣駅が開業。
昭和12(1937)年	8月20日　馬場駅を膳所駅前駅に、膳所駅を膳所本町駅に改称。螢谷駅が石山寺駅に統合。
昭和15(1940)年	11月10日　兵営前駅を別所駅に改称。
昭和16(1941)年	2月1日　錦織駅を近江神宮前駅に改称。
昭和18(1943)年	11月10日　大橋堀、紺屋ケ関の各駅が廃止。
昭和19(1944)年	8月15日　瓦ケ浜、錦、漣の各駅が廃止。
昭和20(1945)年	12月1日　瓦ケ浜駅が復活開業。
昭和21(1946)年	3月1日　皇子山駅が開業。山上駅が廃止。
昭和23(1948)年	1月1日　近江神宮前駅を錦織駅に改称し半年後再び近江神宮前駅に再改称。
昭和25(1950)年	10月1日　石山寺駅を石山螢谷駅に改称。
昭和28(1953)年	4月1日　膳所駅前駅を京阪膳所駅に、石山駅前駅を京阪石山駅に、石山螢谷駅を再び石山寺駅に改称。
昭和30(1955)年	5月1日　昭和20年に坂本方に移転開業していた滋賀里駅を水耕農場前駅に改称(翌年の休止を経て昭和49年に廃止)。元々休止していた滋賀里駅が復活開業。
昭和32(1957)年	3月20日　浜大津駅を浜大津東口駅に改称。
昭和34(1959)年	9月1日　錦駅が復活開業。
昭和56(1981)年	4月12日　浜大津東口駅を京津線の浜大津駅と統合。

京阪本線

淀屋橋《よどやばし》

御堂筋を走る、市営地下鉄駅と連絡 中之島の南、大阪市役所の最寄り駅

撮影：古林茂春

淀屋橋駅（現在）

淀屋橋交差点の南西にある石橋ビルには淀屋橋駅の2つの地上出入り口（3、4番）が設けられている。

淀屋橋（明治時代）

明治18（1885）年の大洪水で流失した橋に代わり、架橋された鉄製杭橋脚の橋。奥には、ハイカラな建築物、日本銀行大阪支店がそびえている。

淀屋橋駅は昭和38（1963）年の開業以来、大阪側のターミナル駅として多くの人々が利用してきた。中之島線が開業した後は、大江橋駅などに利用者が分散したが、現在も京橋駅に次ぐ路線第2位の乗降客数を保っている。この地には昭和8（1933）年から、大阪市営地下鉄御堂筋線の淀屋橋駅が存在し、京阪開通後は連絡駅となってきた。京阪線の改札口は地下1階、ホームは地下2階に設けられている。

「淀屋橋」は、土佐堀川に架かる橋の名で、御堂筋がその上を通る。北の中之島側には大阪　市役所、日本銀行大阪支店、中之島図書館、大阪市中央公会堂など大阪を代表する施設、建物があり、大阪の「へそ」ともいうべき場所に位置する。その先の大江橋を渡れば、米相場で栄えた堂島あり、キタの中心地である梅田の入り口「梅新南」の三叉路に出る。

「淀屋」とは、江戸時代に橋を管理していた豪商の名前で、同じ土佐堀川に架かる「常安橋」も、当主だった「淀屋常安」に由来する。ちなみに、京阪のイメージキャラクターである「おけいはん」の初代の苗字は「淀屋」で、本名は「けい子」、父の名は「橋の助」だった。

なお、「淀屋橋」という住居表示はなく、駅の所在地は「北浜」3丁目である。

淀屋橋駅で出発を待つ特急(現在)

出町柳行き特急の8000系。淀屋橋から出町柳まで51.6キロメートルを56分で結び、日中は10分毎に走っている。

所蔵：フォト・パブリッシング

淀屋橋駅のテープカット(昭和38年)

大阪側の新しいターミナルとして開業した淀屋橋駅。特急用のオレンジイエローと赤のツートンカラーに塗られた「1番列車」を背景にテープカットが行われた。

古地図探訪

昭和27年／淀屋橋付近

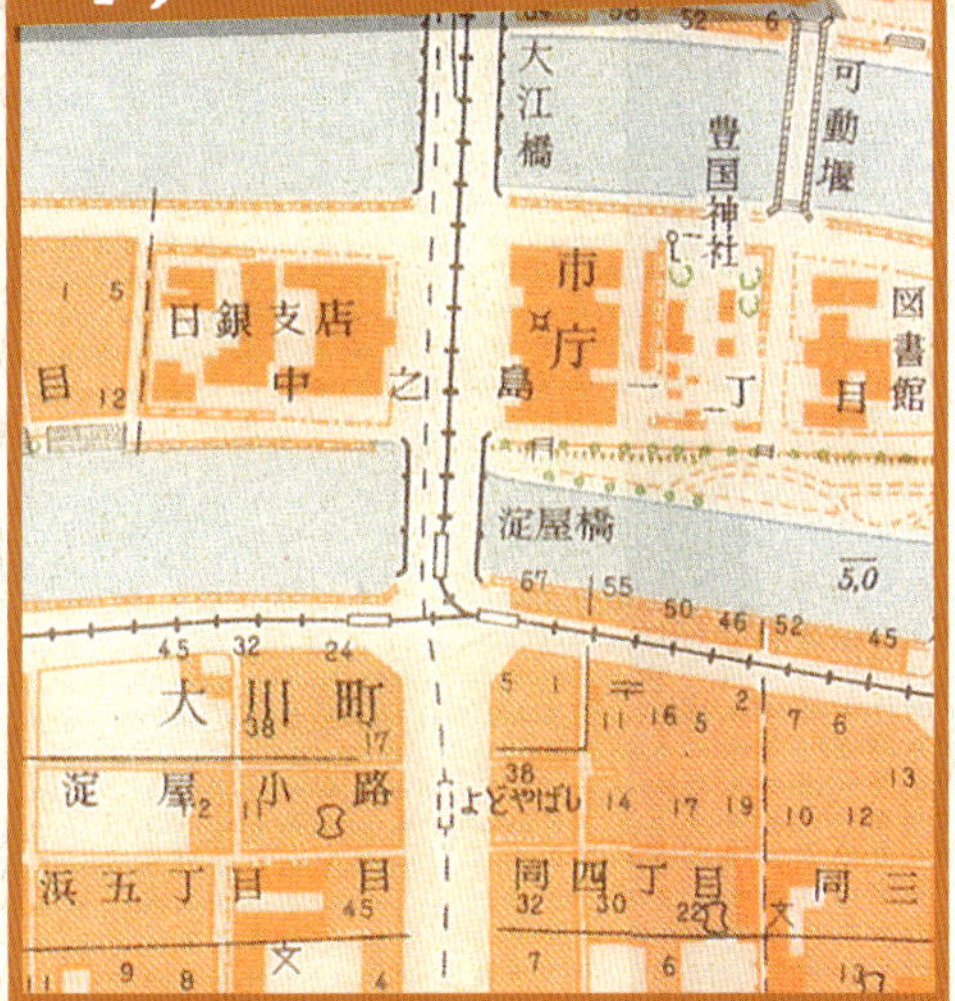

淀屋橋、北浜駅まで京阪本線が(地下)延長されるのは、昭和38(1963)年のことであり、この当時は市電の線路しか見えない。渡辺橋、肥後橋、大江橋、淀屋橋、難波橋上を通る3本の市電路線のうちは、御堂筋の走る路線は淀屋橋以南には延びず、四ツ橋筋と堺筋の2本の路線が南に向けて走っている。

京阪淀屋橋駅

↑北浜駅

ラッシュ時だけに使用される1・2番線ホーム(現在)

左図のように1面3線で4番線まであるユニークな構造になっている。

見所スポット

中之島図書館

中之島のシンボルともいえる建物で、明治37(1904)年に建てられ、大正11(1922)年に左右の両翼部分が建て増しされた。現役の図書館で、国の重要文化財に指定されている。

淀屋橋と大阪市役所

土佐堀川に架かる堂々たる造りの淀屋橋(重要文化財)と大阪市役所。現在の庁舎は昭和61(1986)年に完成した。

日本銀行大阪支店旧館

レンガ・石造りの地上2階、地下1階をもつ明治期の本格的洋風建築物。辰野金吾の設計により、明治36(1903)年に竣工した。

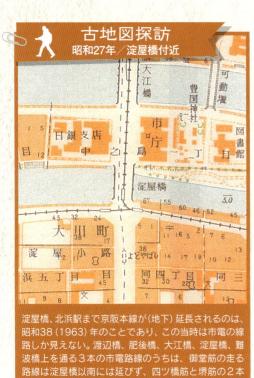

京阪本線

北浜《きたはま》・天満橋《てんまばし》

なにわ金融の中心、証券取引所がある 明治43年、京阪本線開業時の始発駅

撮影：中村靖徳

天満橋駅（昭和38年）

地上駅だった頃の天満橋駅。昭和38（1963）年に地下駅となる前は、この駅が大阪側終点のターミナル駅だった。市電・市バスとの連絡はスムーズだった。

北浜駅（現在）

ライオンが目印となる難波橋のたもとに設けられた北浜駅（地下駅）の地上出入り口。背景には大阪（証券）取引所と金融、証券の中心、北浜の街が広がる。

撮影：古林茂春

天満橋駅（現在）

銀行やホテルが入る「京阪シティモール」と一体になった新しい天満橋駅。改札口とコンコースは地下１階、ホームは地下２階に設けられている。

大阪の金融中心地にあり、大阪証券取引所の最寄り駅がこの北浜駅。大阪市営地下鉄堺筋線の同名駅と連絡している。

北浜駅は昭和38（１９６３）年、淀屋橋・天満橋間の開通時に唯一の中間駅（地下駅）として開業した。付近には歴史のある三越大阪店が存在したが、平成17（２００５）年に閉店している。

「北浜」の駅名は、船場の北端に位置し、土佐堀川に面した地名に由来する。かつては大阪の商業の中心地、船場の「北の河岸」の機能を有していた。

天満橋駅は、明治43（１９１０）年の京阪本線開通時の起終点駅で、長く大阪側のターミナルだった。大正３（１９１４）年には、寝屋川橋梁を移転させ、駅舎を新築。昭和７（１９３２）年には三代目駅舎が竣工している。翌年には、京阪デパート天満橋店もオープン。昭和38（１９６３）年に地下駅となった。

「天満橋」の駅名は、大川（旧淀川）に架かる浪華三大橋のひとつ、天満橋の橋名に由来する。その後、地名および通り（天満橋筋）の名前となった。天満橋駅は、この橋の南詰にあることから名前が付けられた。また、天満橋の北詰に広がる「天満」は、天満宮に由来する地名で、江戸時代から淀川水運を利用する天満青物市場が設けられ、大いに賑わった。

天満橋駅を発車した2000系（昭和38年）

地下化工事中の旧天満橋駅から発車した枚方市行き急行。車両は増備が続いていた2000系。当時最新の通勤型でスーパーカーと呼ばれていた。左は大川（淀川）。

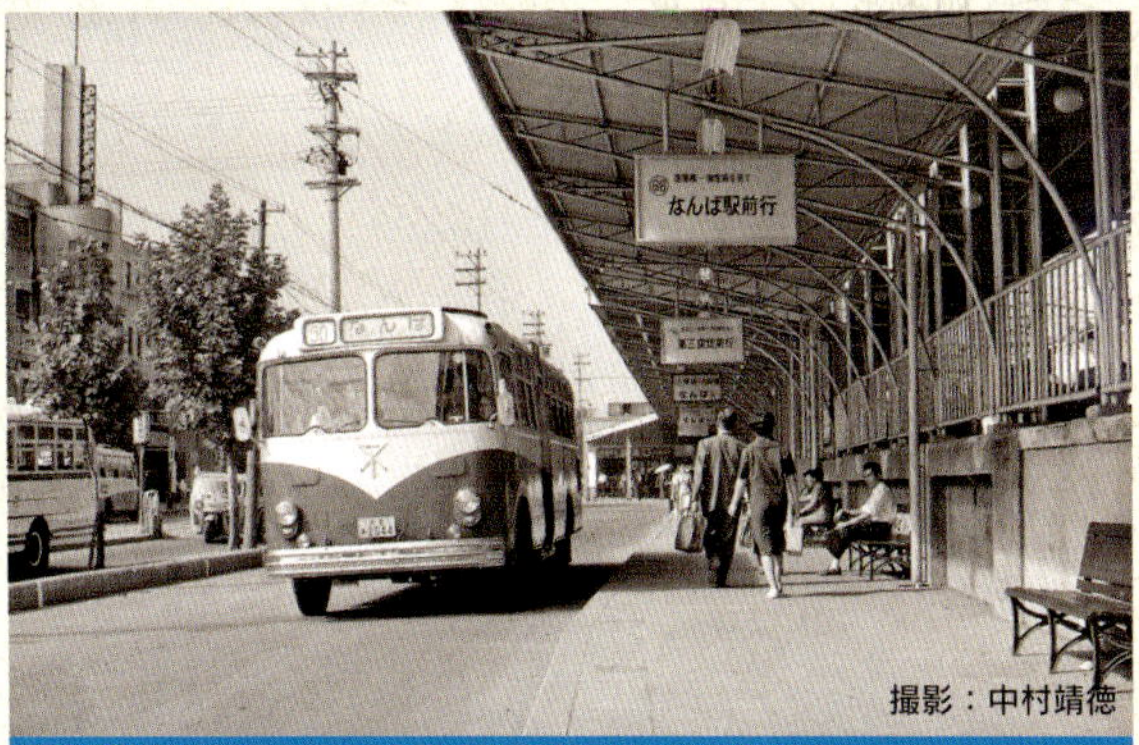

天満橋駅のバス乗り場（昭和38年）

京阪の天満橋ターミナルからは市内の要衝へ向かう市電と市バスの多数の系統が出ていた。写真はいすゞ＝川崎航空機製の旧塗装の市バス。左奥を通過中のバスは近鉄バス。

天満橋駅のホーム（昭和38年頃）

特急、普通電車などが停車している天満橋駅のホーム。駅前にも高いビルはほとんどなかった頃である。左奥の停車中ホームは乗車ホーム、手前が降車ホームだった。

古地図探訪
昭和27年／天満橋付近

寝屋川を渡る京阪本線は、この天満橋駅が起終点だった。この駅の東側で、大川、寝屋川、大阪城の外濠などの水路が近接して存在することがわかる。天満橋の交差点の西にあって市電の線路の南にある長光寺は坂本龍馬、吉田松陰ら、幕末の志士ゆかりの浄土真宗本願寺派の寺院である。

見所スポット

天神橋

大川に架かる橋で、中之島公園を跨ぐ形の３連アーチ橋となっている。初代の橋は500年以上前の文禄３（1594）年の架橋といわれる。

川の駅はちけんや

江戸時代に淀川水運の港、熊野街道の起点だった「八軒家浜」には、平成21（2009）年に賑わい施設「川の駅はちけんや」がオープンした。

大阪（証券）取引所

「北浜」の別称で有名だった大阪証券取引所は平成16（2004）年、エントランスホールの外観を残し、近代的なビルに建て替わった。名称も平成26（2014）年、大阪取引所になった。

京阪本線

京橋《きょうばし》

JR各線との接続駅、京阪モール存在 駅名、地名は寝屋川に架かる橋に由来

京橋駅（昭和40年頃）

地上時代の京橋駅上りホーム。奥が天満橋方面。相対式２面２線の簡素な造りだったので、大阪環状線との乗り換え客で常に混雑した。左は工事中の現・高架線。

京橋駅（現在）

ＪＲ各線、地下鉄線との連絡駅であり、大阪市北東部の玄関口にふさわしい構えの京橋駅。１階～３階に改札口があり、電車ホームは４階にある。

京橋駅のホーム（現在）

1番線ホームに停車する出町柳行きの2200系普通電車。２番線ホームにも同系の電車が停車している。

京橋駅（昭和41年頃）

京橋駅は大阪環状線との乗り換え駅で、全列車が停車。列車本数が多いため天満橋方踏切が大混雑していた。右側には環状線を乗り越える高架複々線の工事が進行していた。

京橋駅はJR大阪環状線、JR東西線、片町線（学研都市線）、地下鉄長堀鶴見緑地線と連絡し、乗降客数も沿線随一を誇る。しかし、明治43（1910）年の開業当時は現在地には存在せず、駅名も異なっていた。開業当時は蒲生駅で、昭和7（1932）年、国鉄（現・JR）駅の東側に移転しており、戦後の昭和24（1949）年、京橋駅に改称した。旧蒲生駅は戦後まで、蒲生信号所であった。また、開業当初は京橋駅（初代）、野田橋駅が存在していたが、前者は間もなく廃止され、後者は片町駅と改称後、現・京橋駅と統合されている。

ところで、「京橋」の駅名は、もともとは寝屋川に架かる橋の名前である。その位置は、現在ある京橋駅から1キロメートル以上も離れた、天満橋駅の方に近い場所である。こうした状況が生まれたのは、江戸時代には広い町名（地名）として使われていた「京橋」がやがて、由来の橋を含まないものとなり、町名自体がなくなったからである。

京阪の駅は「京阪モール」という大型ショッピングモールが入った駅ビルの中にあり、グループ企業のホテル京阪京橋も同居している。駅前のレジャー施設「京橋グランシャトービル」は、テレビCMなどで大阪市民にはおなじみである。

京阪線と大阪環状線の立体交差(昭和44年)

地上時代の京阪線と大阪環状線。築堤上が大阪環状線、アンダークロスしているのが京阪線で、環状線の左奥に京阪の京橋駅。後方では京阪線の高架化工事が進行中。新高架の向こう側が国鉄京橋駅。

片町駅(昭和42年)

京阪電車の片町駅。駅舎は簡素、周辺は新旧渾然とした住宅、商業地だった。

京橋駅片町口(現在)

淀屋橋寄りの2階に設けられている片町口。1階にはエレベーター専用の改札口も設置されている。

古地図探訪

昭和23年／京橋付近

この京橋（昭和24年までは蒲生）駅周辺では、国鉄（現・ＪＲ）の大阪環状線、片町線や京阪本線などが複雑に交差している様子が見て取れる。天満橋側には、まだ中間駅の野田橋駅が存在していた。京阪本線と片町線の中間には、近鉄系の近畿車輌工場があったが、現在はダイエー京橋店に変わっている。

片町駅(昭和40年頃)

旧野田橋駅として明治43年に開業、昭和30年に片町駅と改称した。駅付近には大阪市電との平面交差があり、ホーム外側には新車受入れ用の側線があった。移転のあと高架化に伴い昭和44年11月に廃止となった。

見所スポット

大阪砲兵工廠

戦前の大阪に存在した大阪砲兵工廠は、アジア最大規模の軍事工場だった。跡地は大阪城公園、大阪ビジネスパークなどに変わっている。

大阪城

大坂城(大阪城)は、石山本願寺があった場所に豊臣秀吉が築いた天下の名城。現在の城には江戸時代の石垣、櫓とともに昭和に再現された天守閣がそびえる。

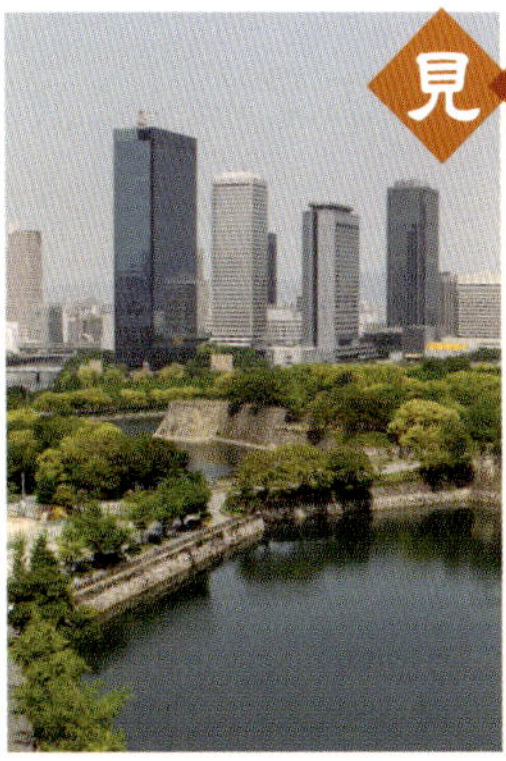

大阪ビジネスパーク

大阪城の北東にある、超高層ビル群と都市公園で構成された再開発地区。通称はOBPで、TWIN21、IMPビルなどがある。

京阪電車は明治43（1910）年、天満橋発でスタートした後、淀屋橋まで延長するのに50年以上の歳月を要した。その半世紀の間には橋の架け替えや市役所の移転、地下鉄の開通などさまざまな出来事があった。

天満橋（大正時代）
鉄橋だった頃の天満橋と市電。昭和10（1935）年に現在の橋に建て替えられた。

京阪デパート天満店（昭和戦前期）
大阪城をバックに建つモダンな構えの京阪デパート天満店。

天神橋（昭和戦前期）
昭和９（1934）年、松屋町筋の拡張に合わせて、３連のアーチ橋となった天神橋。

大江橋と日本銀行（大正時代）
鉄橋だった頃の大江橋と日本銀行大阪支店。御堂筋の上を２両の市電が走っている。

中之島公園（昭和戦後期）
水都・大阪の顔にふさわしい、豊かな水と緑に囲まれた中之島公園。

中之島図書館（昭和戦後期）
明治37（1904）年、「大阪図書館」として開館、現在は重要文化財に指定されている大阪府立中之島図書館。

COLUMN

絵葉書で見る沿線風景(大阪)

大阪市役所(昭和戦前期)
大正10(1921)年に完成した大阪市役所。昭和57(1982)年、建て替えのために取り壊された。

地下鉄淀屋橋駅(昭和戦前期)
大阪地下鉄御堂筋線の主要駅として、昭和8(1933)年に開業した淀屋橋駅。

中央公会堂と観光艇(昭和戦前期)
明治末から建設が始まり、大正7(1918)年に完成した大阪市中央公会堂(中之島公会堂)とモダンな昭和の観光艇。

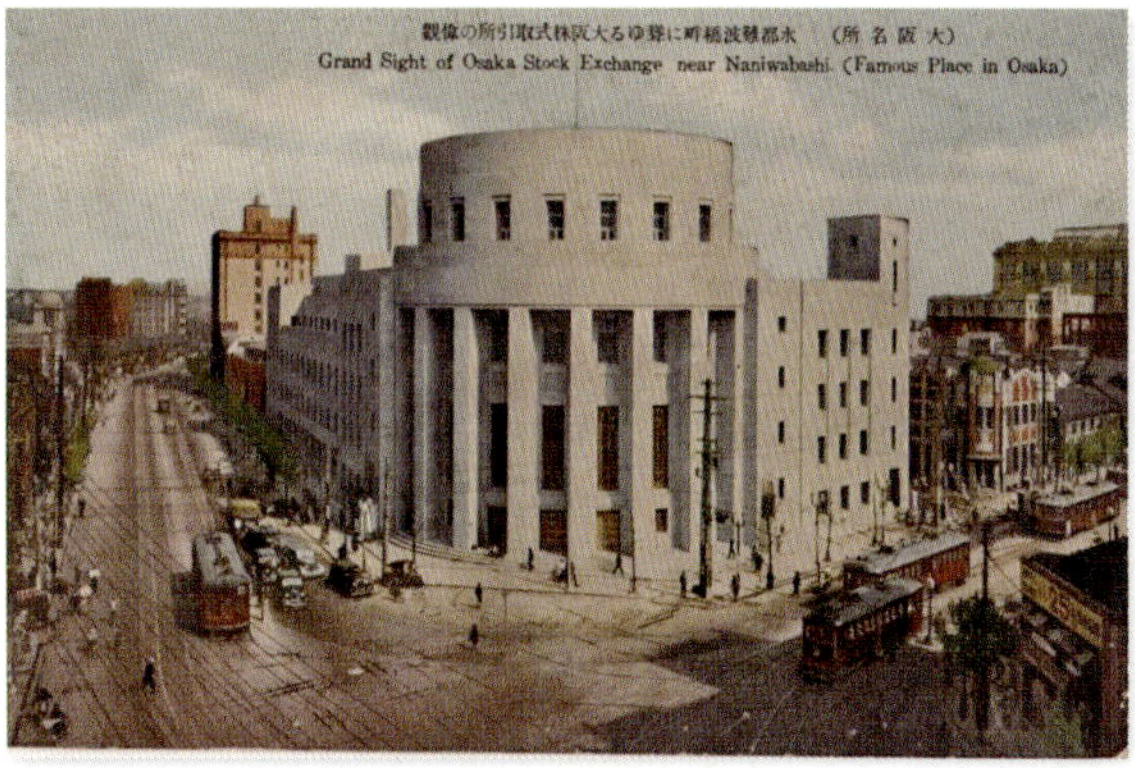

大阪証券取引所(昭和戦前期)
株式取引の業務を司り、商都・大阪の「心臓部」となっていた頃の北浜・大阪証券取引所。

大阪城公園(昭和戦後期)
第4師団の置かれていた大阪城周辺は戦後、大阪城公園として整備された。左はかつての第4師団司令部。

大阪砲兵工廠(大正時代)
大阪城の天守閣から見た北方、水を湛えた内濠、外濠と大阪砲兵工廠の建造物が見える。

中之島線《なかのしません》

平成20年に開通、全4駅が地下駅で大阪の観光名所が揃い、名橋が駅名に

大江橋駅（現在）

右に日本銀行大阪支店、同奥に大阪市役所を従えた姿の大江橋駅の地上出入り口。周辺のオフィスに勤務するビジネスマン、ＯＬでにぎわう駅である。

中之島駅（現在）

堂島川に面した美しいロケーションを誇る中之島駅の地上出入り口。ホームの壁などを含めて、「木」をイメージしたデザインが採用されている。

渡辺橋駅（現在）

阪神高速道路を背景にした、渡辺橋駅の地上出入り口。四ツ橋筋を通る、大阪市営地下鉄四つ橋線と連絡している。

なにわ橋駅（現在）

建築家の安藤忠雄がデザインしたなにわ橋駅地上出入り口。駅ホームの壁面は、大阪市中之島公会堂を意識したレンガ調になっている。

天満橋と中之島を結ぶ中之島線は、平成20（2008）年に開業した新路線である。天満橋駅から西北に延びる地下の線路は、天神橋を越えて、中之島の下を走り、玉江橋と堂島大橋の間にある中之島駅に至る。途中駅としては、なにわ橋、大江橋、渡辺橋という淀川（大川）を代表する橋の名が付けられている。

難波橋のたもとに位置する「なにわ橋」駅は、大阪市立東洋陶磁美術館、中之島図書館の最寄り駅である。「なにわ」の名が採用されたのは、大阪・みなみのターミナル「難波（なんば）」との混同を避けたためである。駅出入り口は安藤忠雄が設計した。

大江橋駅は御堂筋の西側、大江橋のたもとに開業した。中之島を挟んで、北にあるのが大江橋、南にあるのが淀屋橋であり、京阪本線の淀屋橋駅とは至近距離にある。大阪市役所、ANAクラウンプラザホテル大阪の最寄り駅である。

渡辺橋駅は渡辺橋、四ツ橋筋の西に位置しており、地下鉄四つ橋線の肥後橋駅とは地下街により連絡している。中之島フェスティバルタワー、フェスティバルホールの最寄り駅である。

中之島駅は、大阪国際会議場、国立国際美術館、大阪市立科学館、リーガロイヤルホテルの最寄り駅となっている。

天満橋駅ホーム（現在）

2400系は昭和44（1969）年に登場した車両。その前に投入された2200系と性能や車体はあまり変わりないが、初めて冷房が取り付けられた車両でもある。

中之島駅ホーム（現在）

2400系は先輩格の2200系とほとんど見た目は変わらないが、2200系よりもヘッドライトが小さいのが特徴である。

渡辺橋駅ホーム（現在）

平成元（1989）年に登場した7000系。車体は前面が少し違う以外、先にデビューした6000系とあまり変わらないが、走行部は交流モーターを使うVVVF方式を本格的に採用した。

古地図探訪

昭和27年／中之島・渡辺橋付近

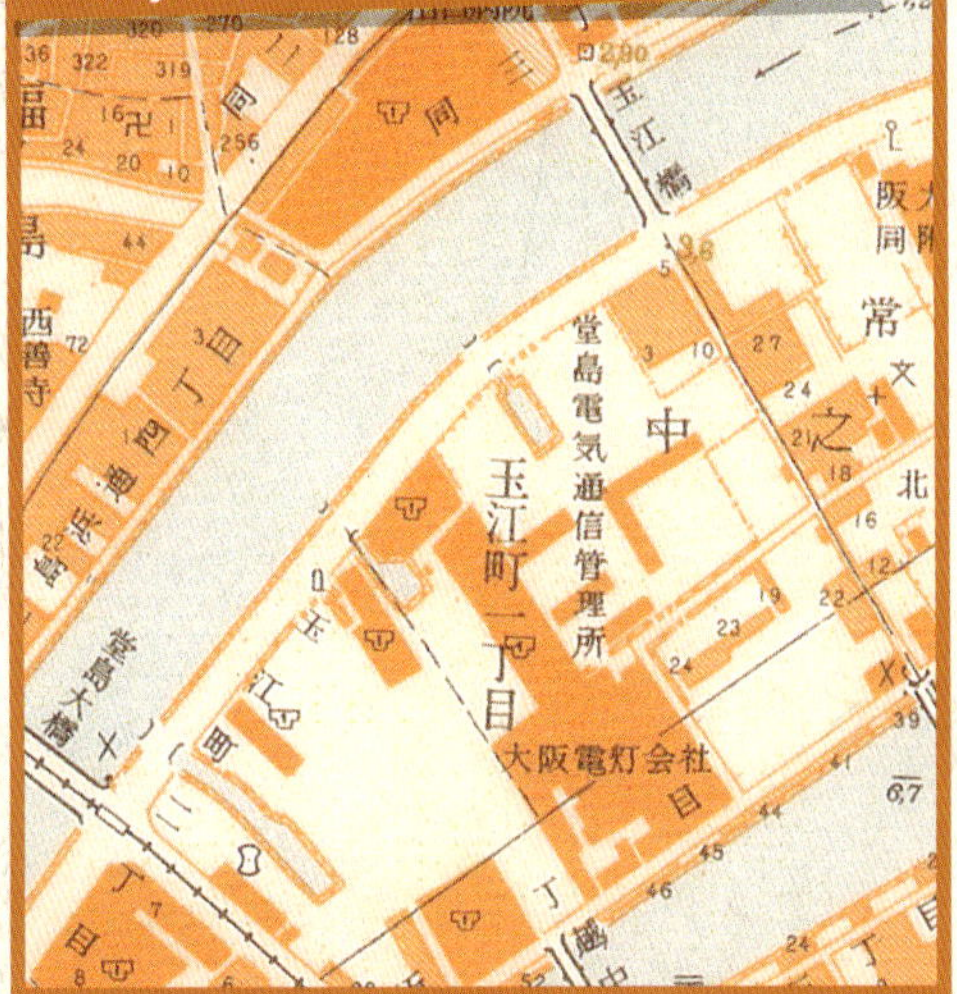

玉江橋（なにわ筋）と堂島大橋（あみだ池筋）に挟まれた中之島の北側、地下に平成20（2008）年、京阪の中之島駅が誕生した。現在はその南に大阪を代表するホテルのひとつ、リーガロイヤルホテルがそびえ、さらに南にグランキューブ大阪（大阪国際会議場）、住友病院が建つ。東の渡辺橋のたもとには渡辺橋駅ができた。

大江橋駅ホーム（現在）

平成24（2012）年に登場した一番新しい系列の13000系。当初は、交野線と宇治線で活躍していたが現在は本線・鴨東線・中之島線でも姿を見ることが出来る。

なにわ橋駅ホーム（現在）

昭和39（1964）年に登場した京阪の現役車両で一番古い形式の2200系。モーター付き車両を少なくしたり簡単な造りの台車を使うなど経済性を重視した。

見所スポット

難波橋

大川に架かる橋で、南側は土佐堀川、北側は堂島川を渡る。最初の橋は8世紀初頭、行基により架けられたといわれる。

大阪市立東洋陶磁美術館

昭和57（1982）年に開館した日本、東洋の陶磁器を専門とする美術館。旧安宅コレクションの名品があることで知られる。

大川

かつての淀川で、明治40（1907）年に淀川放水路が開削された後、「大川」となった。中流は堂島川と土佐堀川、下流は安治川と呼ばれる。

明治43年に開業した京阪本線には、路面電車タイプの車両が投入された。
ここでは、その後の目覚ましい発達の基礎をつくった初期の京阪電車の姿を紹介したい。

明治43年９月に皇太子殿下（後の大正天皇）が視察の際に京阪電車にお乗りになる機会があり、まだ新製後間もない１形の16号車が選ばれて貴賓車に改造された。写真では日除けが下ろされて車内の様子はうかがえないが、外観は他の１形車両と全く同じであった。時おり使用されたが、昭和３年に半鋼製の二代目16号車の竣工により廃車となった。

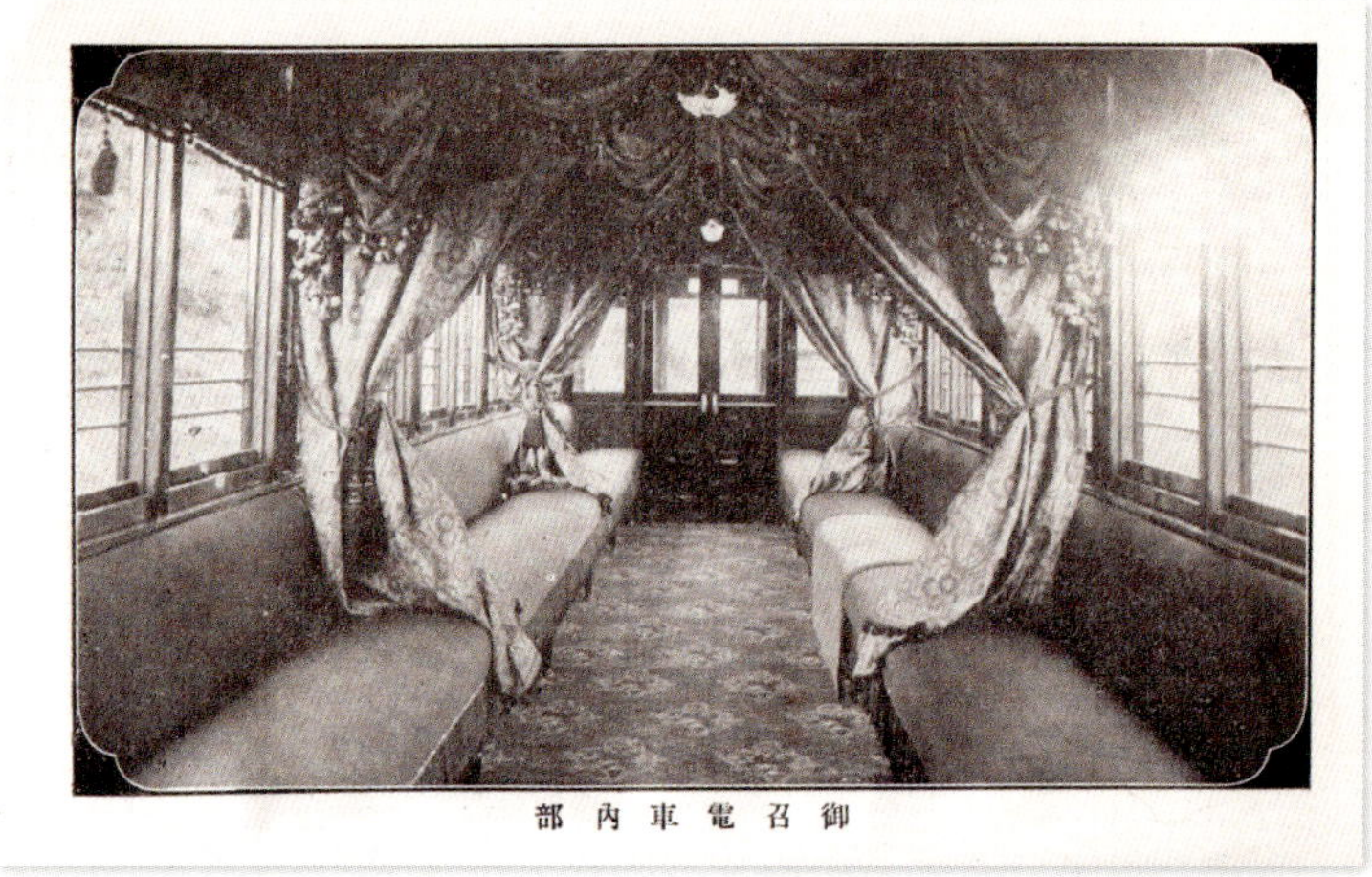

御召電車に供用された貴賓車16号車の車内。都市間連絡電車の車内だけに国鉄の御召列車のような豪華さはないが、それなりに狭いスペースを美しく仕立てている。仕切りのカーテンが２カ所にあり、改装された天井から側面の吹寄せに結ばれている。窓の細い桟は保護棒の細い鉄棒で、当時はどの車両にも取り付けられていた。

京津電気軌道（後の京阪電気鉄道京津線）の１形５号車が逢坂山トンネルを抜け出たところである。京津電軌は大正元年に三条大橋～札の辻間が開通していたが、上関寺～長等公園下間の東海道本線（旧線）下のトンネル工事が遅れ、ここのみ大正元年８月に竣工している。写真の上が東海道本線、トンネルが真新しいので大正２年の撮影であろう。

COLUMN
京阪電車初期の車両

（文・三好好三）

京阪電気鉄道１形。明治43年の創業時に新製され木製車両で、明治43～大正３年に計68両が投入された。車体はオープンデッキのモニター屋根、車体長さ13.6メートル級、幅2.2メートル級の大型路面電車タイプで、電動機は50馬力×４、台車は米国ブリル社の27E－１型を装備していた。京阪間の運行に活躍していたが、大正11年以降、100形への改造により姿を消した。

淀川鉄橋を渡る京阪電気鉄道の１形。京阪電車は宇治川、木津川の２大河川を渡る鉄橋を八幡～淀間に建設し、雄大なカーブを描く大築堤を行く電車の姿が開通時以来、現在に至るまで京阪の名所となっている。１形の単行運転時代から、この区間の築堤や鉄橋上を駆け抜ける姿には勇壮な美が見られた。この写真からも轟音が聞こえてきそうである。

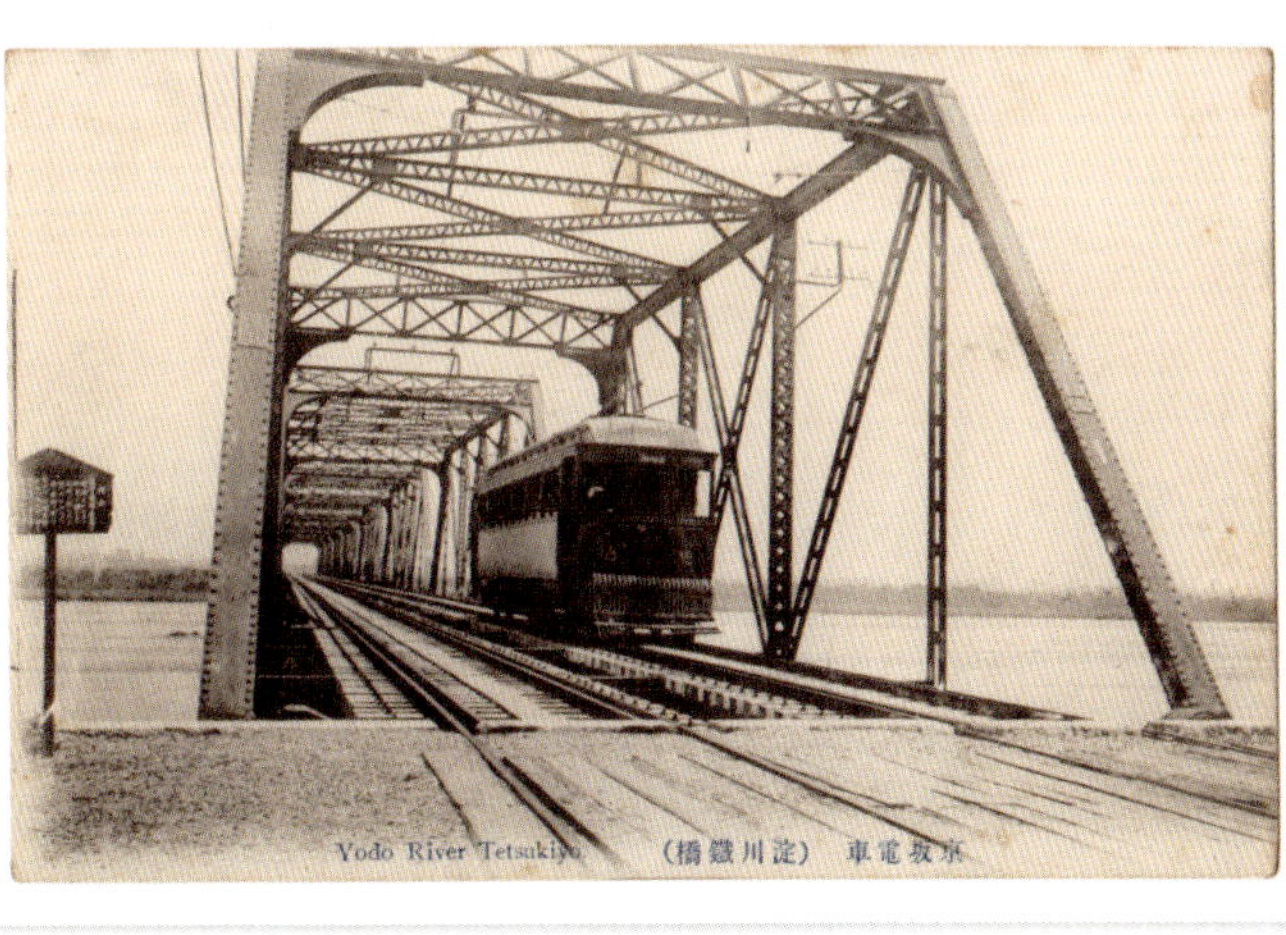

同じく宇治川の橋梁を渡る京阪１形の姿である。橋の構造はワーレントラス橋で、まだ木造のオープンデッキの高床路面スタイルの電車が単行で渡るにはもったいないほどの施設であった。しかし大正中期から連結運転の可能な車両が登場し、やがてこの鉄橋には長大編成の特急や急行が往来するようになって、橋も力量を示せるようになっていった。

野江《のえ》・関目《せきめ》

おおさか東線の延伸で、野江が連絡駅に 京阪国道沿いの関目は、地下鉄に接続

撮影：中村靖徳

複々線区間を走る特急（昭和40年頃）

昭和8年に完成した京阪本線の複々線区間は蒲生信号所～守口間。現在は天満橋～寝屋川（信）間に延びている。内側のA線は優等列車、外側のB線は普通列車専用である。

撮影：中村靖徳

1810系の特急（昭和37年）

野江付近を高速で駆け抜ける1810系５連の三条行き上り特急。1810系は京阪初のカルダン駆動の新性能車で、後継の1900系に編入され、長く特急の座を守った。

撮影：荻原二郎

500形の普通電車（昭和31年）

野江付近を走る500形車体新造車。500形は大正15～昭和３年の製造で京阪初の半鋼製車。昭和28～34年に車体を新造し、昭和46年まで本線、支線区で活躍していた。

野江駅は、京阪本線の開業時、明治43（1910）年にできた歴史の古い駅。当時は現駅の西北、榎並小学校付近に駅があったが、昭和6（1931）年の専用軌道化に伴い、現在の場所に移転した。

このあたりは中世の榎並荘の一部だった。「野江」とは「野原の岸」という意味で、淀川の土砂が堆積した土地だった。野江駅の西、地下鉄谷町線の野江内代駅付近には野江水神社が鎮座するが、この地は榎並城があった場所で、城内の社がその起源といわれる。

平成30（2018）年度には、おおさか東線の延長に伴ってJR野江駅（仮称）が開設され、連絡駅となる予定である。

関目駅は、昭和6年の専用軌道化の際に開業した駅である。駅の西口は京阪国道（国道1号線）に面しており、地下鉄今里線の関目成育、谷町線の関目高殿両駅と連絡している。関目高殿駅は、昭和52（1977）年の開業当時は、「関目」駅の名称だったが、平成9（1997）年に現駅名に改称している。

このあたりも野江同様、古くは榎並荘の一部で、「関目」とは「目で見張る関所」の意味である。また、大坂（大阪）城築城後は、「関目の七曲り」と呼ばれる防衛上の要地だった。豊臣秀吉が毘沙門天を祀った関目神社も駅西北に鎮座する。

撮影：野口昭雄

600形の準急（昭和37年）

関目付近を快走する枚方市行き準急。車両は新600形（３両目は1650形）の４連。600形は昭和初期製の旧600形の車体新製車で、昭和58年に廃車。一部は二代目1800系となり、昭和63年に廃車となった。

関目駅（現在）

地下鉄今里筋線関目成育駅との連絡口になっている関目駅の西改札口。高架駅であるため、ホームは2階にある。

野江駅（現在）

平成12（2000）年に新駅舎となった野江駅は２面２線をもつ高架駅。この駅には普通電車のみが停車する。

古地図探訪

昭和27年／野江・関目付近

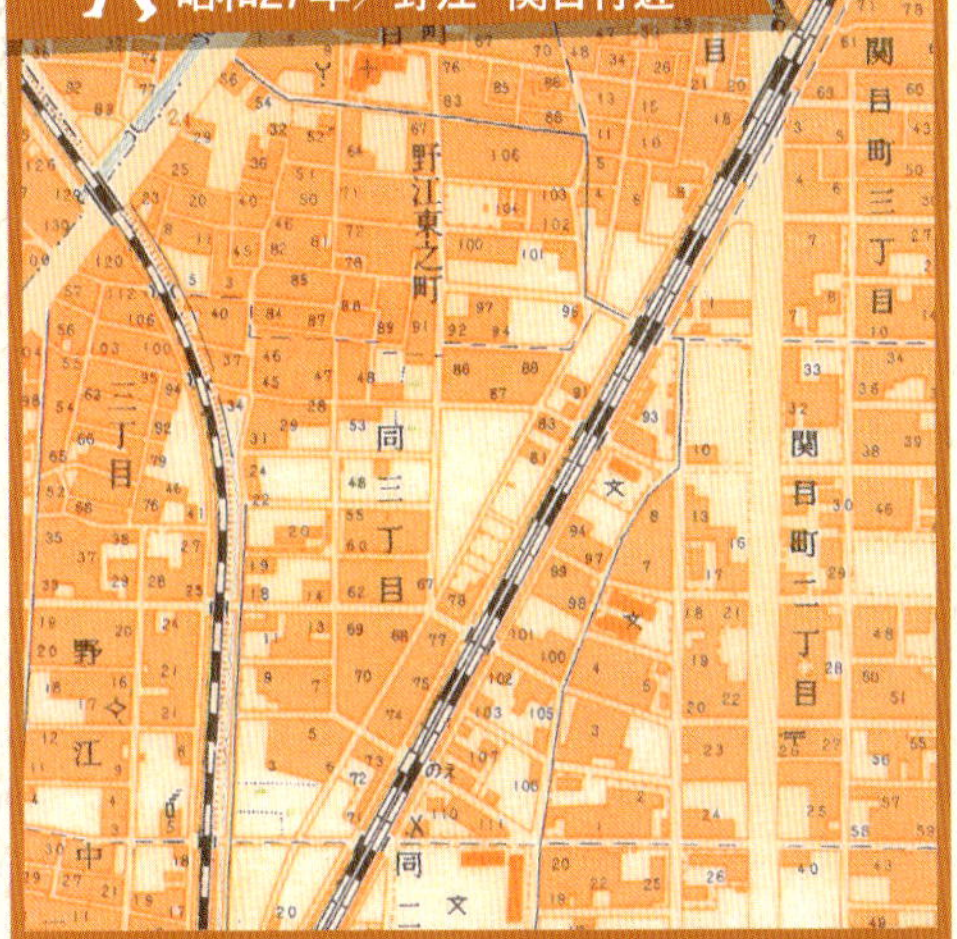

京橋（蒲生）駅を出て間もなく、徐々に北寄りに進路を取る京阪本線はこの野江、関目駅付近ではほぼ一直線の北北東に進んでゆく。関目駅付近では、南北に走る京阪国道と鋭角に交わることとなる。北を走る都島通り沿いには、今はない水路（川）と多くの橋が見える。その北、関目付近には「大阪ガス」のガスタンクが存在した。

撮影：中村靖徳

1700系の普通電車（昭和40年頃）

関目駅を発車した1700系の普通電車。昭和26年から特急として活躍してきたが、1810系の登場で昭和32年から順次ロングシート化、３扉化、緑の濃淡塗装などが施工され、昭和58年に廃車となった。

見所スポット

関目神社

豊臣秀吉が大坂城を築城した際、北の護り、鬼門鎮護として須佐之男尊、毘沙門天などを祀った小祠を建立したのが起源。境内に「関目発祥之地」の石碑が立つ。

城北川遊歩道

昭和に掘削された城北川（城北運河）沿い約5.6キロメートルに及ぶ遊歩道。子供が水遊びのできる場所を設け、水辺の散策を楽しむことができる。

花博記念公園鶴見緑地

昭和47（1972）年、鶴見緑地として開園。平成２（1990）年、国際花と緑の博覧会（花博）のメイン会場となった。日本最大の温室「咲くやこの花館」がある。

京阪本線

森小路《もりしょうじ》・千林《せんばやし》・滝井《たきい》

大阪下町の森小路、千林は商店街で有名
昭和6年開業の滝井駅は、内環状線近く

撮影：中村靖徳

千林駅（現在）

平成４（1992）年に改築された千林駅。この駅前には昭和32（1957）年、スーパーマーケットの「ダイエー」1号店が誕生したことで知られる。

森小路駅（現在）

高架駅であり、東西２ヵ所の改札口が設けられている。普通電車しか停車しない駅だが、３代目「おけいはん」には「森小路けい子」の名前がつけられていた。

大阪市旭区内にある森小路、千林両駅周辺は、「大阪の下町」ともいうべき賑やかな場所である。特に千林駅と地下鉄谷町線の千林大宮駅を結ぶ「千林商店街」は大阪を代表する商店街のひとつである。

京阪本線の開業当時の「森小路」駅は現在の「千林」駅に当たる。現・森小路駅は昭和6（1931）年、このあたりの路線が専用軌道となった際に「新森小路」駅として開業し、昭和17（1942）年に現駅名となった。森小路の地名は「森の中に続く小路」に由来する。

千林駅は明治43（1910）年、森小路駅（停留場）として開業し、昭和6（1931）年に現在地に移転し、駅名を「森小路千林」に改めた。「千林」駅となるのは昭和17（1942）年である。

当時、京阪はこの駅から分岐し、梅田に向かう新線（京阪梅田線）を計画していたが、実現しなかった。千林の地名は、森小路や森口（守口）と同様、このあたりが樹林であったことに由来する。江戸時代には摂津国（現・大阪府、兵庫県の一部）に千林村が存在していた。

滝井駅は昭和6（1931）年、守口（現・守口市）までの路線が専用軌道となる際に開業した比較的新しい駅である。守口市内には滝井元町、滝井西町といった地名が残るが、その由来は不明である。

撮影：中村靖徳

千林駅（昭和40年頃）

駅舎が改築される前の千林駅。買い物かごをさげた人、電話をかける人、「質」の看板など、典型的な下町、高架駅下の風景が展開されている。

滝井駅（昭和40年頃）

駅周辺にほとんどビルがなかった頃の滝井駅。高架上のホームに普通電車が停車している。

滝井駅（現在）

滝井駅は普通電車しか停車しない小さな駅。大阪方面のホーム側にある、この東口がメインの改札口である。

古地図探訪

昭和27年／森小路・千林・滝井付近

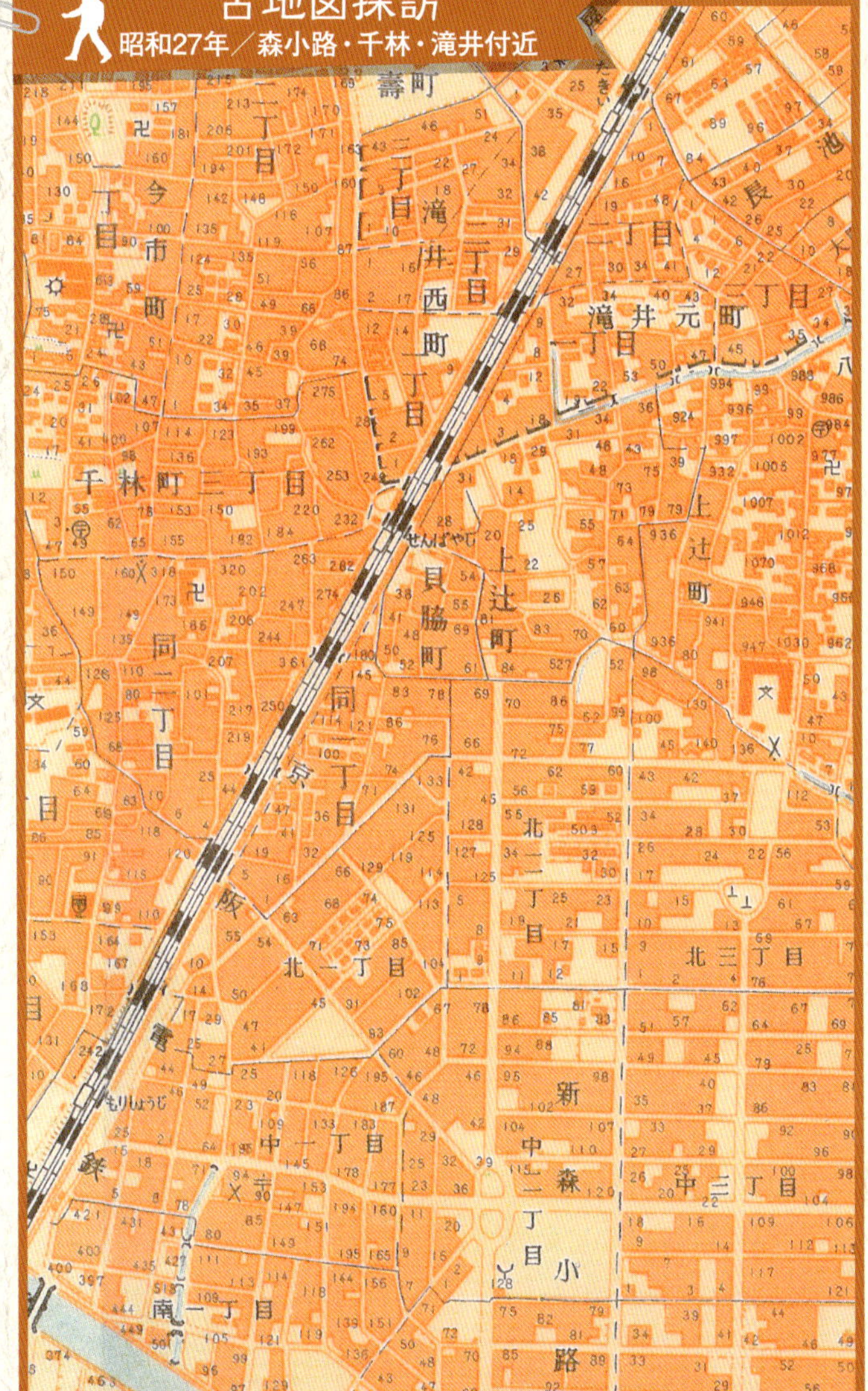

このあたりの京阪本線は昭和６（１９３１）年、専用軌道化の際に現在のような真っ直ぐな線路となり、駅舎の位置なども移転。昭和８（１９３３）年に複線化された。森小路駅の北、千林駅の西にある「卍」マークは小倉山金剛寺で、現在はその南に古市小学校が建っている。

見所スポット

城北公園

昭和９（1934）年に開園した旧淀川の河川敷を利用した公園。北側には、淡水魚の生息地となる「城北ワンド」と呼ばれる入江（淵）が広がる。

城東貨物線淀川橋梁（赤川鉄橋）

昭和４（1929）年に架橋された、淀川に架かる国鉄（現・ＪＲ）城東貨物線の鉄橋で、「赤川鉄橋」と呼ばれる。人道橋は現在、閉鎖されている。

京阪本線

土居《どい》・守口市《もりぐちし》

淀川の堤に由来し、守居神社は総鎮守
守口の玄関口、地下鉄谷町線は守口駅

守口市駅(現在)

昭和55(1980)年に改築された守口市駅は3層の高架駅となっている。改札口、コンコースは2階、ホームは3階に設けられている。

土居駅(現在)

高架区間にある土居駅の改札口は1階、相対式2面2線にホームは2階にある。この駅には普通電車のみが停車する。

撮影：中村靖徳

守口駅(昭和40年頃)

地上時代の守口駅風景。戦前に完成した複々線区間は当駅までだった。その当時も現在も京阪線の中核駅の一つである。工事中のビルは京阪百貨店。

この土居駅の駅前(北)には、延喜18(918)年に創建された古社、守居神社が鎮座する。元は「土居神社」と呼ばれていた社で、淀川の土手に築かれたことから「土居」の名称が生まれた。「守居」の名は「守口の総氏神」という意味で、明治時代に改称されたという。

土居駅は昭和7(1932)年に開業し、戦後間もなくの昭和23(1948)年に改築を行い、昭和50年代に高架化された。その後、ホームも延伸した。

守口市駅は、明治43(1910)年に「守口」駅として開業。昭和46(1971)年に現駅名となっている。大阪市営地下鉄谷町線の守口駅とともに、人口約15万人の守口市の玄関口である。

「守口」という地名は、生駒山地の原生林の入り口だった「森口」に由来するという説が有力である。江戸時代には、大阪近郊の野菜の産地として知られ、特に「守口大根」が有名だった。この大根などを粕漬けにしたものが「守口漬」で、京阪間の宿場町である守口の名物として売り出されたのである。

土居、守口市両駅の西北には、「太子橋」という地名が残されている。このあたりは聖徳太子ゆかりの歴史のある場所で、地下鉄谷町線の駅名には「太子橋今市」が採用されている。

守口駅付近からみた守口車庫（昭和40年頃）

守口車庫・工場の俯瞰。守口車庫は京阪本線の車両の保守・検修も一体化して行っていた大工場だった。昭和47年に寝屋川市に移転して、跡地は京阪百貨店の敷地になっている。

古地図探訪

昭和27年／土居・守口市付近

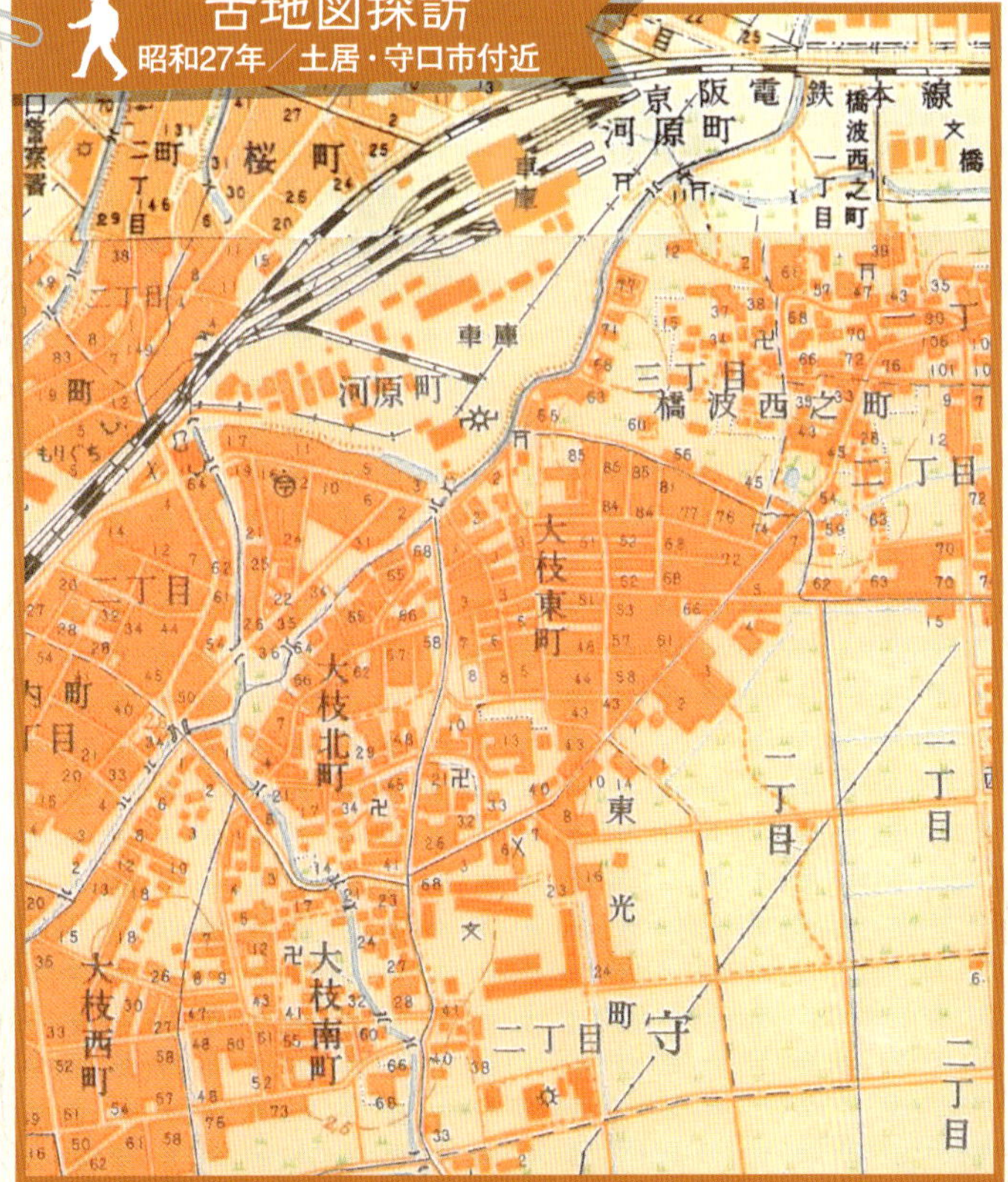

この当時の守口（現・守口市）駅の北東、西三荘寄りには守口車庫があったが、この車庫は移転し、京阪百貨店守口店、守口文化センターなどに変わっている。駅の北東、京阪国道沿いに守口市役所がある。土居、守口駅の東、少し離れた場所にはまだ田畑があったが、現在は住宅地になっている。

守口市駅（昭和55年）

昭和39（1964）年に橋上駅舎となった守口駅は、7年後の昭和46（1971）年に守口市駅と改称。この頃にホームの高架化が着工された。

守口車庫の2000系（昭和34年）

守口車庫の2000系2008号車ほか。同系は京阪最初の新性能通勤型で愛称はスーパーカー。写真は初期車で、量産型とは窓配置、窓高さが異なる。後に2600系に更新改造された。

京阪本線

西三荘《にしさんそう》・門真市《かどまし》

西三荘には松下幸之助歴史館がある
門真市は、パナソニックとともに発展

高架化前の門真駅（昭和40年頃）

地上複線時代の旧門真駅の模様。その後昭和46年に新門真駅が開業。昭和50年門真市駅となり門真駅が廃止され、新設の西三荘駅と共に高架複々線の駅になった。

西三荘駅（現在）

大阪府道158号守口門真線沿いに面している西三荘駅。3層の高架駅で、改札口は2階、ホームは3階にある。高架下には商業施設「エル西三荘」がある。

門真市駅（現在）

昭和46（1971）年に開業した門真市駅は高架区間にあるが、近畿自動車道大阪中央環状線と交差するため、線路は地平に降りている。駅舎は橋上にある。

西三荘駅は昭和50（1975）年に開業している。京阪本線の中での新しい駅だが、付近にはかつて京都寄りに京阪本線開業時から門真駅が存在し、高架化による移転と考えることもできる。

「西三荘」は駅の下を流れ、現在は暗渠になった西三荘川に由来する。この川を境に西側は守口市、東側は門真市となり、この駅も守口市橋波東之町と門真市元町にまたがっている。

京阪本線と大阪高速鉄道（大阪モノレール）が接続するのが門真市駅である。京阪の駅は昭和46（1971）年、新門真駅として開業。4年後の昭和50（1975）年に現駅名となった。一方の大阪モノレールの駅は平成9（1997）年の同線延長時に開業している。

「門真」の地名の由来には諸説がある。「潟沼」という名称、「門間」という生産性の低い荘園の意味ともいわれ、以前は「普賢寺荘」と呼ばれる場所だったが、室町時代以降、「門真荘」が定着した。

門真市といえば、パナソニック（旧・松下電器）の本社があることで有名だが、タイガー魔法瓶やフィギュアの海洋堂などの本社も存在する。パナソニックの歴史は昭和8（1933）年、この地に前身の「松下電気器具製作所」の大規模工場が建設されたことに始まる。

パナソニック本社（現在）

西三荘の西北に広がる世界的な総合電機メーカー、パナソニックの本社。敷地内には、創業者の偉業をたたえる「松下幸之助歴史館」がある。

門真市駅ホーム（現在）

高級感漂う8000系特急車は特別料金が不要で乗車権のみで利用できる。観光シーズンに運転されるノンストップ特急「洛楽」にも使用される。

古地図探訪

昭和23年／西三荘・門真市付近

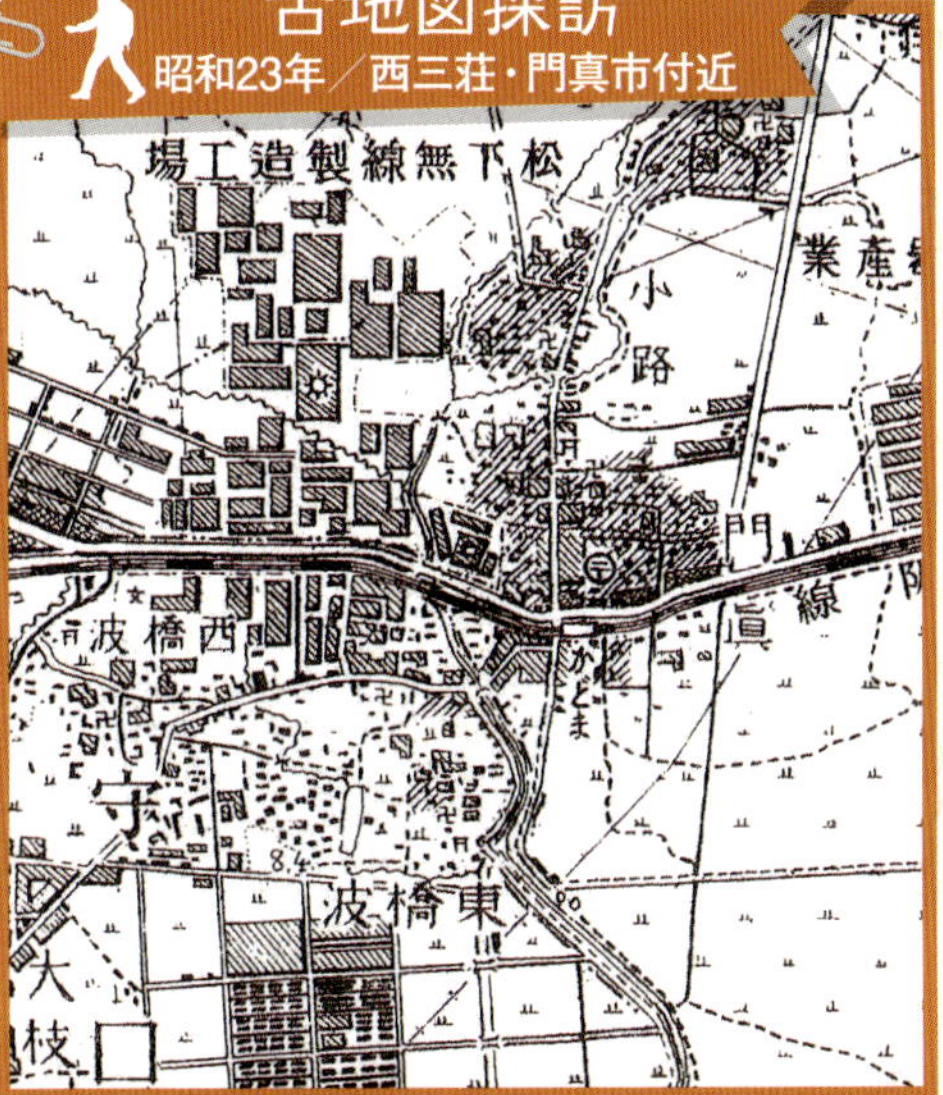

この当時、西三荘、門真市の両駅は存在せず、その中間に「門真」駅が存在していた。後に南北に通ることになる中央環状線との交差部に昭和46（1971）年、「新門真」駅が誕生し、昭和50（1975）年に門真市駅となった。西三荘駅の開業も同じ昭和50年である。松下関連の工場以外は、農地が多く残っていた。

大阪モノレール（現在）

大阪モノレール線（本線）は大阪空港・門真市間の21.2キロメートルを結ぶ路線で、門真市で京阪本線と連絡する。

見所スポット

パナソニックミュージアム 松下幸之助歴史館

西三荘駅の北西に、昭和43（1968）年に開館したパナソニックの企業博物館。平成７（1995）年、松下幸之助生誕100年を記念してリニューアルされた。

松下幸之助翁寿像

歴史館の前に立つ「松下幸之助翁寿像」。松下幸之助（1894～1989）は松下電器産業（現・パナソニック）の創業者で、「経営の神様」と呼ばれた。

京阪本線

古川橋《ふるかわばし》・大和田《おおわだ》

古川橋の南には、門真運転免許試験所
大和田は専用軌道誕生、昭和7年開業

高架化前の古川橋駅（昭和40年頃）

地上時代の古川橋駅の周辺は田園地帯であったが、昭和30年代から開発が進んだ。中間駅の中でも要衝の一つであり、高架複々線上でも直線ホームが受け継がれている。

古川橋駅（現在）

昭和50年代の前半に高架駅となった古川橋駅。高架下にはショッピングモール「コア古川橋」が設置されている。

門真市内にある古川橋駅は明治43（1910）年、京阪本線の開業時にできている。地元では、門真運転免許試験所の最寄り駅として知られている。かつては車内放送でも「自動車試験所前」と呼称されていた。開業当時、この駅を挟む両側に専用軌道、併用軌道が混在する区間が存在していたが、昭和6（1931）年に専用軌道に改められた。

この駅名は、寝屋川に注ぐ古川に架かる橋の名に由来する。駅の東、大和田駅との中間あたりに位置する古川橋周辺には、関西電力の古川変電所、豊国神社、願得寺などが存在する。

大和田駅は、昭和7（1932）年に開業した、京阪本線の中では比較的新しい駅である。駅の所在地は門真市常称寺町であるが、町内に由来の寺院はなく、浄土宗の明泉寺が存在する。

「大和田」という地名は、各地に存在し、海を意味する「おおわだつみ」から来ている。淀川沿いには、大阪市西淀川区内にも同名の地名が残されている。この駅の付近には、古川の洪水から集落を守るため、仁徳天皇が築いたといわれる「茨田堤（まんだのつつみ）」があり、その跡地が大阪府史跡に指定されている。また、橋上駅舎の建設工事中に銅鐸が出土した「大和田遺跡」も存在する。

撮影：中村靖徳

大和田駅（昭和40年頃）

大和田駅の南側、大阪府道158号守口門真線に通じる駅前には門真団地、四条畷駅、寝屋川市駅などに向かう京阪バスが発着している。高架複々線になった現在でも、ホームのカーブは受け継がれている。

大和田駅（現在）

大和田駅前の京阪バス。赤と白の塗り分けで大阪、京都、滋賀の３府県でお馴染み。このデザインは昭和20年代前半に米国のバスを参考に誕生したもので、北海道のバス各社に多大な影響を与えた。

古地図探訪

昭和23年／古川橋・大和田付近

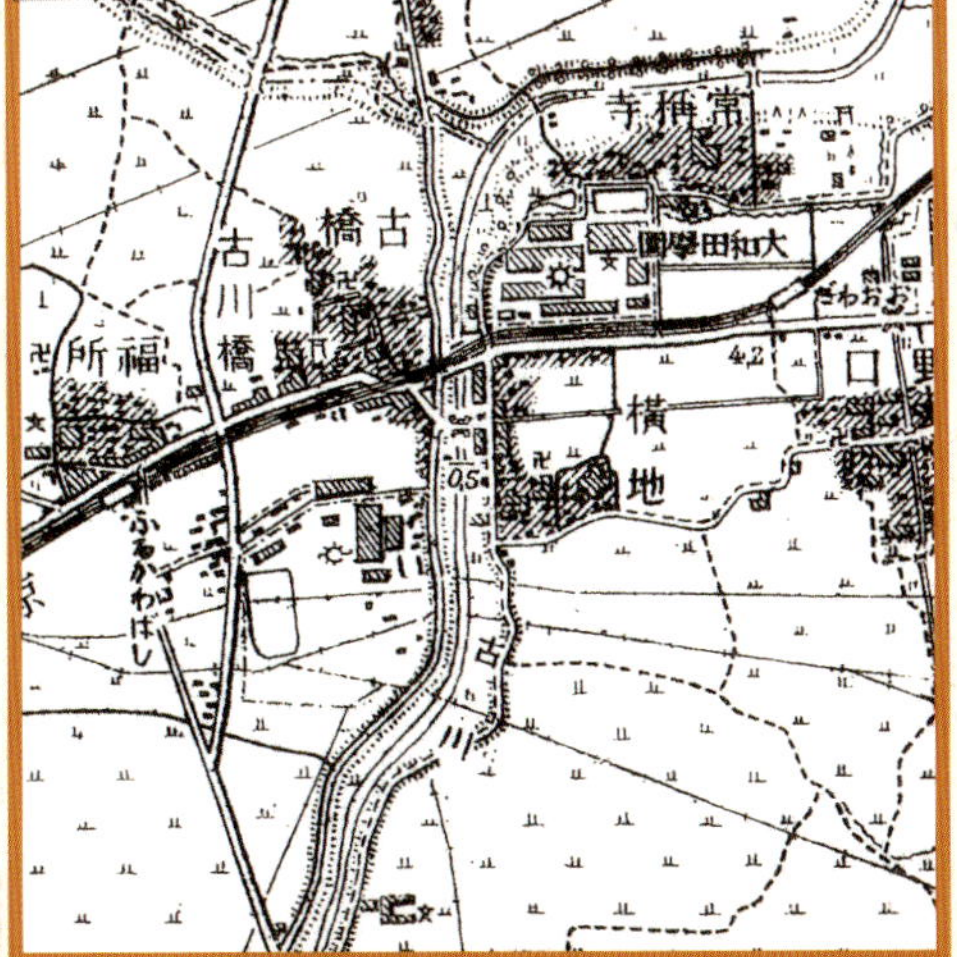

古川橋、大和田両駅の間に、歴史のある古川が流れている。京阪線の鉄橋の西北にある「卍」マークは願得寺、「鳥居」マークは八坂神社。また、南西の「卍」マークは得浄寺である。大和田駅の西北ある工場は現在の日立建機ティエラで、大和田学校付近は「ネオコーポ門真東」になっている。

7000系（現在）

鴨東線の開通に合わせて登場した京阪初の量産VVVFインバータ制御車の7000系。その後デザインなどに改良を加えた7200系も平成７（1995）年にデビューしている。

3000系（現在）

平成20（2008）年に「風流の今様」という新世代の車両デザインコンセプトを掲げて製造された3000系。転換式クロスシートが特徴。愛称は「コンフォート・サルーン」。

京阪本線

萱島《かやしま》・寝屋川市《ねやがわし》

中洲に由来する萱島には楠の名木残る
寝屋川の玄関は、昭和26年に現駅名

撮影：中村靖徳

寝屋川車庫（昭和40年頃）

流線型流行時代に製造された二代目1000系。1000形と1100形の違いは、1000形がセミクロスシートに対し1100形は当初からロングシートであった。昭和42年から車体更新されて二代目700系となった。

撮影：中村靖徳

萱島駅のホーム（昭和40年頃）

地上時代の萱島駅周辺も田園風景が広がっていた。守口市以北の高架複々線は地上の用地に忠実に建設された。

萱島駅は明治43（1910）年の開業。駅名は寝屋川にあった萱が茂る中洲（萱島）に由来する。高架駅となった駅の下には萱島神社の社殿があり、樹齢700年を超す神木の楠が、ホームを貫いていることでも知られる。これは昭和55（1980）年の高架複々線化の際に市民に愛着のある楠が保存され、明治40（1907）年に廃社となっていた神社を、京阪が再興したものである。

寝屋川市駅は、寝屋川市の中心駅で、京阪本線の主要駅でもある。明治43（1910）年に「寝屋川」駅として開業。昭和26（1951）年に現駅名となった。昭和38（1963）年にこの駅が移設されたことにより、隣の豊野駅が廃止された。

「寝屋川」の地名は、交野市星田付近を水源とし、寝屋川、門真、大阪などの市内を流れ、旧淀川に注ぐ同名の一級河川に由来する。「寝屋」とは、源流付近の高野街道で旅人に提供された宿（寝屋）から来ている。

駅南の萱島駅との中間には、寝屋川車庫が置かれている。昭和33（1958）年、「萱島車庫」として開設され、昭和39（1964）年に改称された。昭和47（1972）年には車両工場が完成し、現在は京阪最大の車両基地である。

萱島駅ホームの大クスノキ(現在)

ホームを貫くように保存されている萱島神社のご神木、樹齢700年ともいわれる大クスノキ。

萱島駅(現在)

寝屋川をまたぐ形で建てられている高架駅の萱島駅。複々線区間の最も東(京都寄り)の駅で、この駅が始発となる区間急行が運行されている。

古地図探訪

昭和23年／萱島・寝屋川市付近

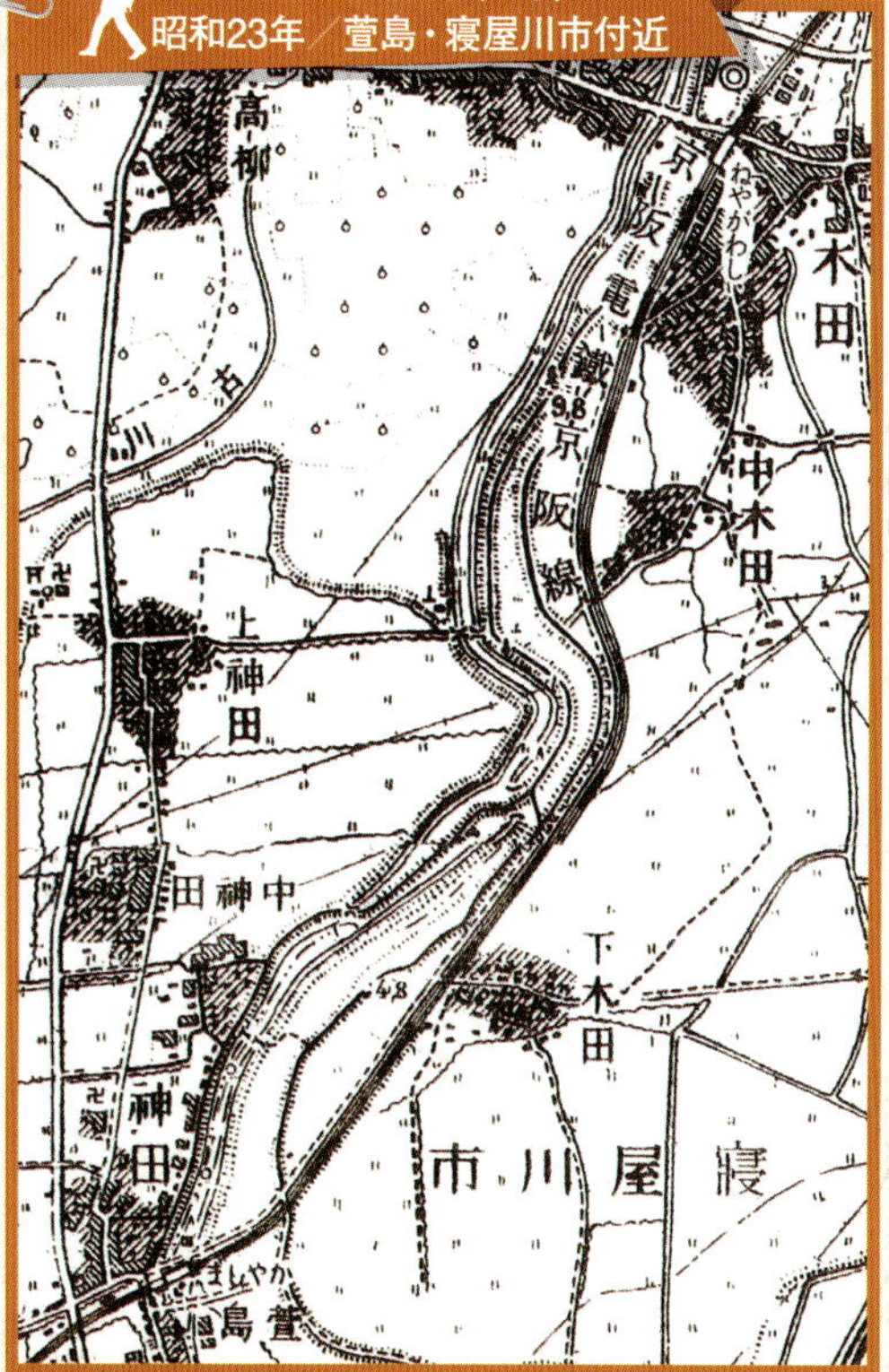

この当時、萱島、寝屋川両駅の沿線には住宅地が少なく、田畑がほとんどだった。京阪本線の線路は、その間を微妙にカーブしながら走っている。線路の東側には「木田」、西側には「神田」を用いた地名が残っている。現在ある萱島車庫は、まだ設置されていなかった。寝屋川市の庁舎は、京阪本線(駅)の西側に存在していた。

寝屋川市駅(現在)

平成14(2002)年、高架化工事が完成し、現在のような姿となった寝屋川市駅。ホームは3階にあり、特急、快速特急以外の全列車が停車する。

寝屋川市駅のホーム(現在)

緩急接続が可能な2面2線のホームを有する寝屋川市駅の高架化工事には20年の歳月を要した。

見所スポット

萱島神社

江戸時代に開かれた「萱島流作新田」の鎮守として、天明7(1787)年に創建された。樹齢700年といわれる大クスノキが有名。

寝屋川公園の竹藪

昭和57(1982)年、寝屋川市の東部丘陵地に開園した。野球場、陸上競技場、テニスコートなどを備えており、竹林が広がる。付近には寝屋古墳、「鉢かつぎ姫」の屋敷跡がある。

京阪本線

香里園《こうりえん》・光善寺《こうぜんじ》

香里園は「枚方菊人形」興行発祥地
光善寺は蓮如ゆかりの浄土宗の名刹

撮影：中村靖徳

香里園駅（昭和40年頃）

特急以外すべての停車駅。京阪の分譲住宅地がある街でもあり、駅の周辺は瀟洒な商業地、住宅地で、学校、病院も多い。今なお駅を離れると田畑も健在で緑も多い。

香里園駅（現在）

堂々たる構えの香里園駅西口。昭和63（1988）年に誕生した高架駅舎は、平成16（2004）年にリニューアルされている。特急、快速特急以外の全列車が停車する

香里園駅に停車している6000系（平成２年）

昭和57年に登場した６０００系は、大きな２枚窓が特徴であった。当時設定されていた「Ｋ特急」にも使用された。

香里園は、「郡（こおり）」という地名をもとに阪神の「香櫨園」に対抗して、京阪が名付けたといわれている。香里遊園地で行われていた菊人形の興行は、お隣のひらかたパーク（枚方遊園）に移り、京阪沿線の名物となった。

香里園駅は明治43（１９１０）年、「香里」駅として開業した。その後、遊園地の跡地は分譲地として売り出され、「香里園経営地」として発展した。それに合わせて、昭和５（１９３０）年に急行停車駅となり、昭和13（１９３８）年に現駅名に改称された。

光善寺駅は、京阪本線開業から８ヵ月後の明治43年12月に開業した。駅名は、駅北西約６００メートル離れた古刹、出口御坊淵埋山光善寺に由来する。この光善寺は文明７（１４７５）年、浄土宗中興の祖、蓮如上人が開山し、近畿地方布教の拠点となった寺院である。平成10（１９９８）年に橋上駅舎になった。

駅の所在地は枚方市北中振１丁目だが、駅周辺には「蹉跎（さだ）」という珍しい地名が残っている。菅原道真ゆかりの「蹉跎（さだ）天満宮」に由来するもので、「蹉跎」とは「足摺」という意味である。また、駅の南西には「蹉跎図書館」があるほか、東西に「さだ小学校」「さだ中学校」や「サダ幼稚園」が存在する。

600形の普通電車（昭和31年）

香里園駅に停車中の名車600形。昭和２年製で転換クロス席装備車。昭和35年より車体更新された。写真の中間車は1500形。京阪には異形式混成の凸凹編成が多かった。

1900系の特急（昭和40年頃）

京阪線は守口市以南の複々線・地下区間を除くとカーブが多く、高加減速を駆使して進むところに特色がある。写真は光善寺付近の旧1810系編入車を含む1900系特急びわこ号。

古地図探訪

昭和23年／香里園・光善寺付近

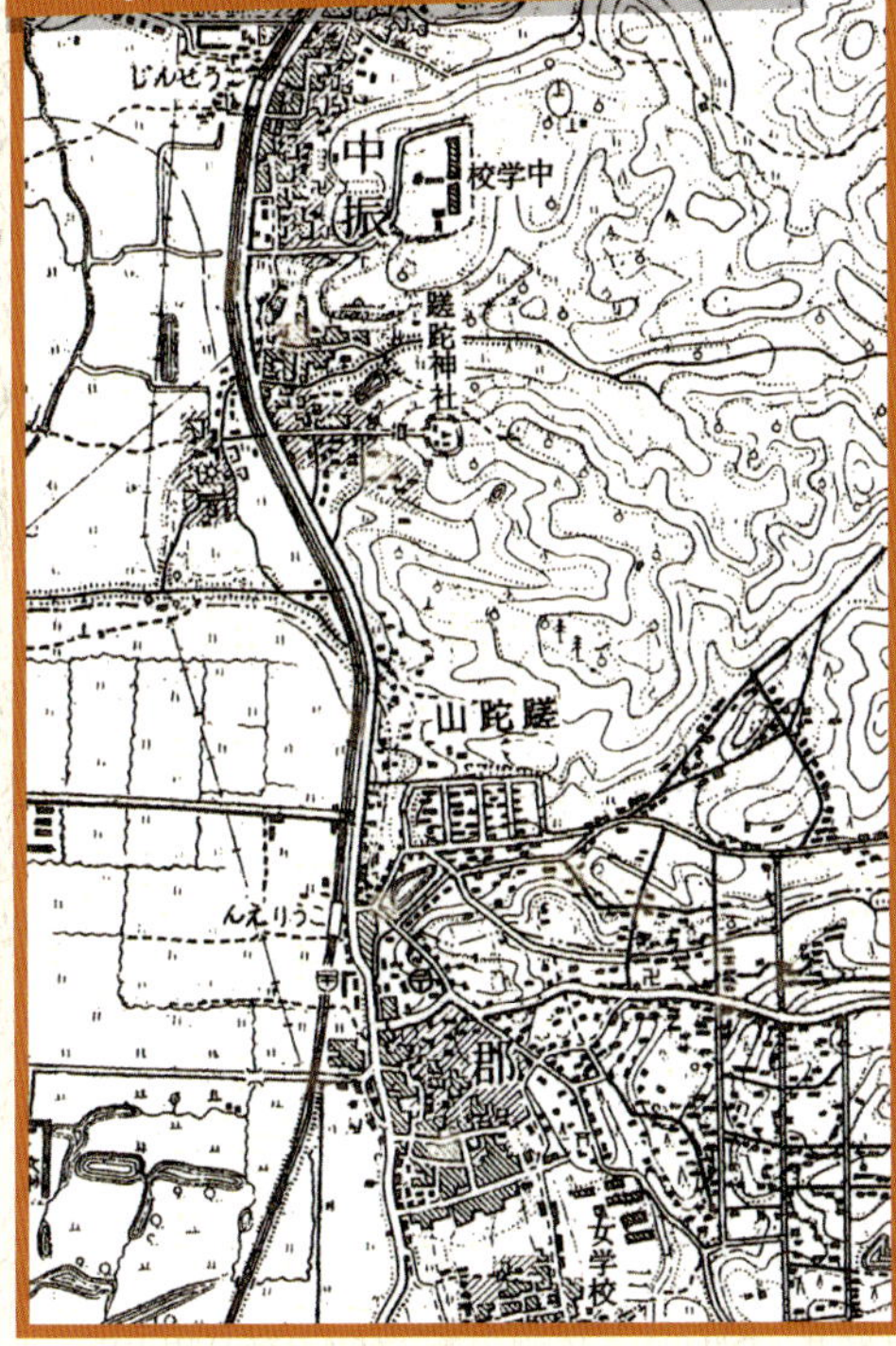

光善寺駅（現在）

光善寺駅は相対式２面２線のホームをもつ高架駅。普通および準急、区間急行が停車する。駅名由来の光善寺は、北西徒歩約10分にある。

香里園駅のホーム（現在）

2面4線構造の香里園駅。平成23（2011）年の改正以降昼間時では普通と急行が緩急接続を行う。

このあたりの京阪本線の線路は、東側に広がる山裾に敷かれていることがわかる。香里園駅の北東には、山を開いて道路を作り、住宅地が造成されていた様子が見える。光善寺駅の東、蹉跎神社の北にある「中学校」は現在の「大阪市立高等学校」で、枚方市内にあるものの、大阪市が設置した公立学校である。

見所スポット

成田山明王院の狛犬

青空を背にして堂々たる姿を見せている、成田山大阪別院明王院の狛犬。大阪の鬼門に当たり、「鬼の出ない住宅地」を守護している。

成田山大阪別院明王院（成田山不動尊）

昭和９（1934）年に創建された成田山新勝寺の大阪別院。節分の豆まきにはＮＨＫ朝のテレビ小説の出演者が参加することで知られる。

京阪本線

枚方公園《ひらかたこうえん》・枚方市《ひらかたし》

菊人形で名高い枚方遊園（ひらパー）枚方市は、京阪沿線最大の40万人口

枚方市駅（現在）

「京阪枚方ステーションモール」と一体となった枚方市駅。土曜、休日に運転される快速特急以外はすべて停車する京阪本線の主要駅である。島式３面６線のホームは３階にある。

枚方公園駅東口（現在）

開業時は「枚方」駅だった現・枚方公園駅。改札口はホーム両側の大阪寄りにあり、東西の改札口は地下道で結ばれている。

撮影：荻原二郎

枚方市駅（昭和40年）

地上駅だった頃の枚方市駅。波形の屋根、改札口や柱の姿が時代の雰囲気を醸し出している。「比叡山ドライブウェイ」の大きな看板がのぞく。

枚方公園駅は、現在は「ひらかたパーク（枚方遊園）」の玄関口であるが、明治43（１９１０）年の開業当時は「枚方駅」として、枚方町（現・枚方市）の中心駅だった。昭和24（１９４９）年、枚方東口駅が枚方市駅に改称するのに合わせて、この駅も現在の駅名になった。

菊人形の開催地として有名なひらかたパークは、大正元（１９１２）年の菊人形開催を起源に、大正12（１９２３）年以降は秋の菊人形開催が定着。大正15（１９２６）年には「枚方遊園組合」が結成され、遊園地として性格が強くなっていった。戦後の昭和35（１９６０）年からは通年営業の遊園地となる。現在、バラ園には往年の名列車「びわこ号」の車両が設置されている。

戦後、40万人を超す大きな都市に成長した枚方市の玄関口が枚方市駅である。明治43年に枚方東口駅として開業し、昭和４（１９２９）年、信貴生駒電鉄（現・交野線）との連絡駅となった。昭和24年からは現駅名となっている。

「枚方」の地名は、『日本書記』に「比蘿袈駄（ひらかた）」として登場するなど古い歴史をもっている。豊臣秀吉は淀川沿いに文禄堤を築き、堤上の道が京（大坂）街道となった。徳川家康が京都以西の宿場町を整備し「枚方宿」が生まれた。

撮影：中村靖徳

光善寺～枚方公園間の風景（昭和40年頃）

手前は遊園地ひらかたパークの一部。新しい遊戯施設を造るためか工事中の模様。京阪線の西側には田園風景が見られ、淀川大橋を望むことができた。

撮影：荻原二郎

枚方市駅に停車のイベント列車（平成２年）

大阪市鶴見緑地で開催された「国際花と緑の博覧会」のPRで2200系の車両が白を基調に緑色のラインの塗装で登場。平成元（1989）年４月から翌年３月まで運行した。

古地図探訪

昭和23年／枚方公園・枚方市付近

この当時、現・枚方市駅は枚方東口駅、現・枚方公園駅は枚方駅だった。枚方東口駅の北西、「岡新町」にあった天ノ川工場の跡地は現在、関西医科大学、同付属枚方病院となっている。枚方駅の南、「遊園地」が現在の「ひらかたパーク」に発展した。両駅間の線路の南北に専光寺、意賀美神社、願生坊、臺鏡寺などが点在する。

13000系（現在）

交野線の13000系は宇治線同様４両編成でワンマン運転を行っている。前面は3000系と同じく扉が中央にある顔であり、和の様式を意識した内装も特徴である。

見所スポット

願生坊

蓮如が枚方に開いた順興寺は枚方寺内町の中心となり、大いに栄えたが、現在は移転して、真宗大谷派の「願生坊」となっている。

片埜神社

「交野」の地名の由来と片埜神社は、垂仁天皇の時代に野見宿禰が祖先の素戔嗚尊を祀ったことに始まる。アテルイ（阿弖流為）・モレの塚が残されている。

枚方宿町屋（鍵屋資料館）

淀川の水運、京街道の宿場として栄えた枚方宿の船宿（料亭）「鍵屋」が現在は資料館に変わり、一般に公開されている。

菊人形の絵葉書（昭和８年）

歌舞伎などに登場する鴨川の四条河原、五条橋を舞台にした名場面を表現した菊人形。

ひらかた大菊人形の招待券（昭和12年）

昭和12（1937）年に発行された、ひらかた大菊人形の招待券（チケット）。この時期には、日中戦争を題材にした展示などもあった。

ひらかた大菊人形のパンフレット（昭和戦前期）

「聖花に燦たり！日本精神」のキャッチフレーズがつけられた、ひらかた大菊人形のパンフレット。大阪城と朝日、旗がデザインされている。

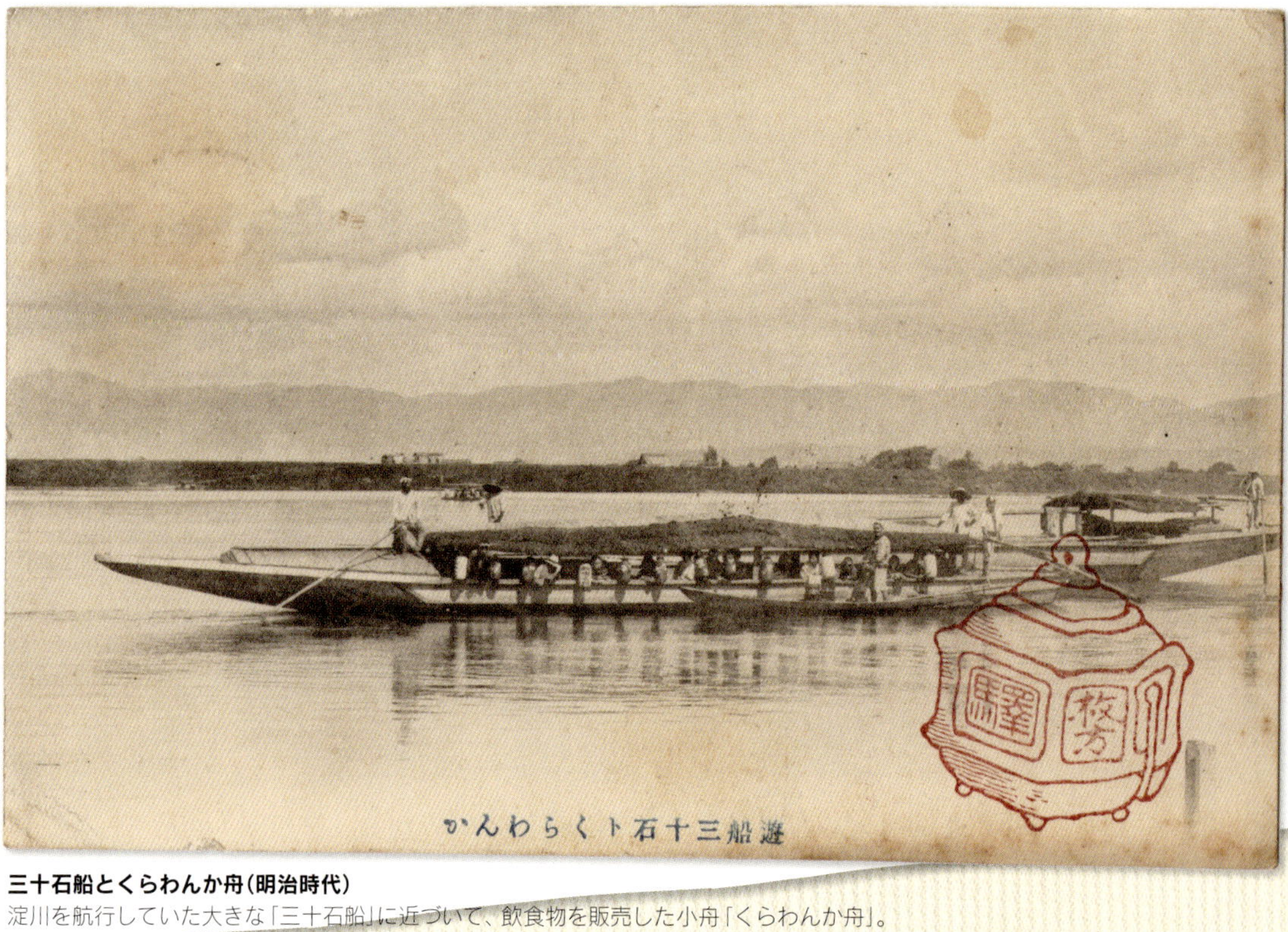

三十石船とくらわんか舟（明治時代）

淀川を航行していた大きな「三十石船」に近づいて、飲食物を販売した小舟「くらわんか舟」。

COLUMN

枚方菊人形と淀川のくらわんか舟

京阪沿線の遊園地といえば、誰もが思い浮かべるのが枚方市にある「枚方遊園（現・ひらかたパーク）」。この地が有名になった理由のひとつが毎年秋に開催されていた「ひらかた大菊人形」である。

京阪が主催した菊人形のイベント（展覧会）は、当初から枚方(遊園)で開かれていたわけではない。明治43（1910）年の開業時にはお隣の香里遊園地で、最初の菊人形が開催され、大正元(1912）年に、第３回の開催が枚方で行われた。その後、大正8（1919）年からは宇治での開催となるが、火災で菊人形館が焼失した宇治に代わり、大正12（1923）年から、再び枚方における開催となる。ここから現在の「ひらかたパーク」に発展した。

豪華な菊花による歴史絵巻の再現として、戦後はＮＨＫの大河ドラマの名場面なども取り入れて人気を博してきた菊人形も、娯楽の多様化と菊師の後継者不足などで影が薄くなり、平成17（2005）年に閉幕した、平成24（2012）年には「ひらかたパーク開業100周年」を記念して一時、菊人形が復活した。

また、官営鉄道（現・ＪＲ）や京阪の開通以前、京阪間の交通を担っていたのが淀川の水運であり、その担い手は「三十石船」という乗合船だった。その大型船が枚方宿に着こうとするときに近づき、飲食物などを販売した小舟が存在した。これが『東海道中膝栗毛』などにも記述が見える「くらわんか舟」である。「くらわんか」とはこの地方の方言で、乗客に声を掛けて販売したことから、その名がついた。「三十石船」「くらわんか舟」は明治以降も存在し、絵葉書にその姿が残っている。

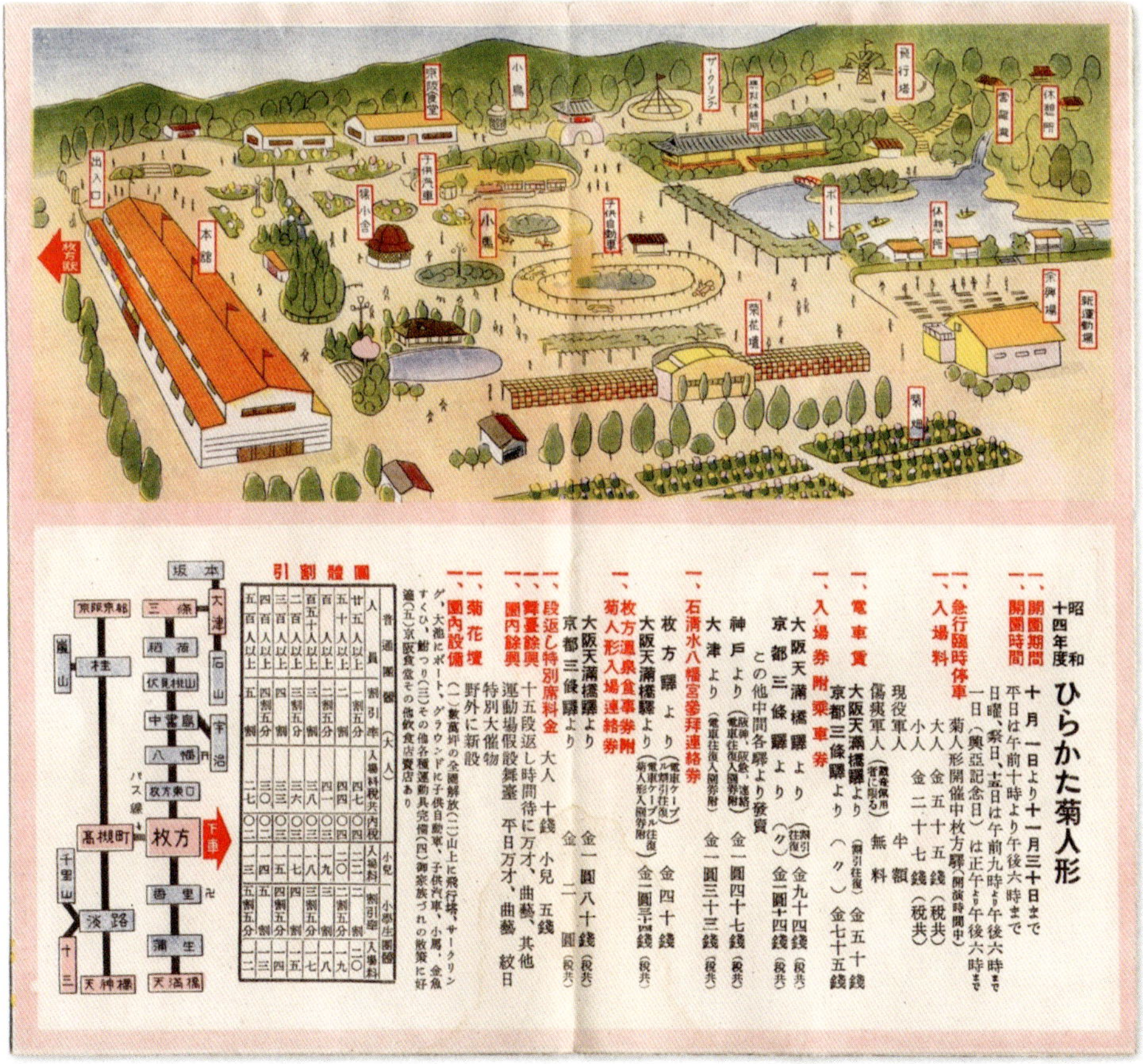

園内地図とガイド（昭和戦前期）
枚方（ひらかた）遊園の園内地図と入場料、路線図など。この当時の最寄り駅は「枚方」駅だった。

撮影：中村靖徳

800形の普通電車（昭和40年頃）

交野線天野川鉄橋を渡る800形の２連。800形は琵琶湖鉄道汽船（現・石山坂本線）が昭和２年に新造した木造車で、京阪本線で活躍した。交野線で余生を送ったあと、350形に改造された。

交野線《かたのせん》

信貴生駒鉄道が開いた路線終点は私市
線名の交野は、大阪市のベッドタウンに

私市駅（現在）

交野線の終着駅で、三角屋根の瀟洒な駅舎をもつ私市駅。平成14（2002）年、第３回「近畿の駅百選」に選ばれている。

交野市駅（現在）

昭和52（1977）年に駅名改称。平成６（1994）年に「京阪交野ビル」と一体化した橋上駅舎に変わった交野市駅。

13000系（現在）

アルミ合金車体とVVVFインバータ制御を採用している13000系。交野線は大阪への通勤電車と私市方面の観光電車という性格を併せ持つ。

全長6・9キロメートルの交野線は昭和4（1929）年、信貴生駒電鉄が枚方東口（現・枚方市）～私市間を開通したことに始まる。当時は駅数が少なく、昭和14（1939）年に交野電気鉄道に譲渡された。終戦直前の昭和20（1945）年に、当時の京阪神急行電鉄に合併され、戦後、京阪が分離された際にその一部となった。

開通時の駅は枚方東口、村野、郡津、交野（現・交野市）、私市の5駅。昭和5（1930）年に河内森、昭和10（1935）年に信貴電磐船（後に廃止）、昭和13（1938）年に星ヶ丘、昭和15（1940）年に中宮（現・宮之阪）駅が開業している。郡津、河内森、星ヶ丘、中宮の4駅は戦時中、休止されていた。

現在は、すべての列車が枚方市・私市間の運行だが、平成25（2013）年までは京阪本線・大阪方面からの直通列車「おりひめ」「ひこぼし」が運行されていた。その前には、行楽期の臨時列車として「きさいち快速ハイキング号」が運行されていた歴史もある。終着駅の私市駅の付近は、京阪近郊のイチゴ狩りができる場所として有名だった。また、くろんど園地周辺はハイキングコースとして広く知られている。近年、沿線では宅地開発が進み、多数の通勤通学客が交野線を利用するようになった。

私市駅（昭和40年）

現在の駅舎が竣工する昭和54（1979）年まで、乗降客を迎えていた私市駅の木造駅舎。イチゴ狩りの観光などの窓口だった。

村野駅（昭和40年）

枚方市村野西町にある村野駅は昭和４（1929）年の開業。昭和44（1969）年に駅舎が改良されるまで、小さな木造駅舎が使われていた。

500形と中間車の16形（昭和40年）

沿線の宅地開発が進む前の交野線村野駅を発車した３連。前後の500形は車体更新済み、中間の２扉車は元貴賓車の16形で、昭和３年製の１形式１両。昭和40年に廃車となった。

古地図探訪

昭和24年／交野線付近

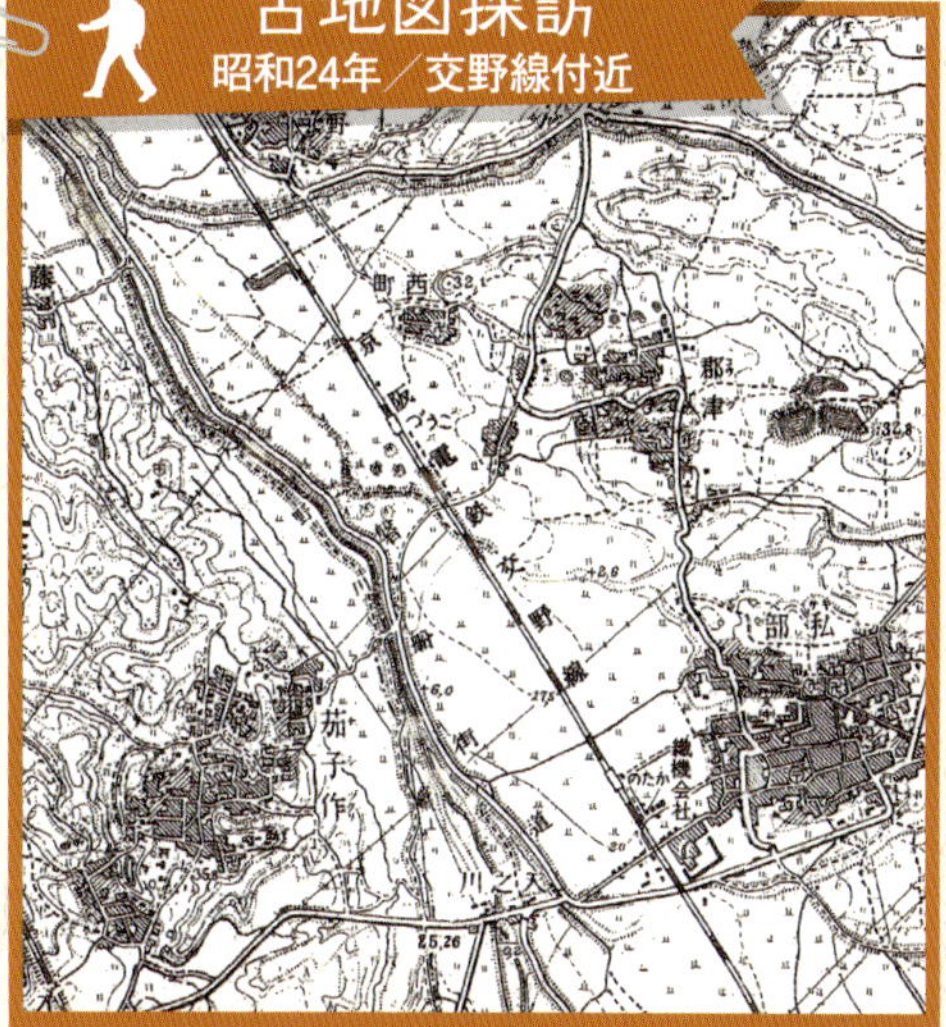

この交野線は、当時の枚方東口駅を出発してしばらくすると、一直線で南東に進むことになる。途中、線路の南西側の「茄子作」の丘陵地には、昭和14（１９３９）年に開設された「香里工廠（開設時は、宇治火薬製作所香里工場）」があった。当時の京阪磐船駅（移転して、河内森駅に）付近で、国鉄（現・ＪＲ）片町線と交差している。

見所スポット

淀川河川公園

淀川の河川敷にある国営公園で、上流の京都市から下流の大阪市まで、６市２町をまたぎ、20ヵ所の施設広場がある。

磐船神社

天野川の渓谷沿いにあり、「天の磐船」と呼ばれる舟形巨岩を御神体としている。神社の横を「磐船街道」が通る。

星のブランコ

全長280メートルの交野吊橋は日本有数の吊り橋で、「星のブランコ」の愛称で知られる。府民の森ほしだ園地の中にある。

京阪本線

御殿山《ごてんやま》・牧野《まきの》

業平名歌、惟親喬親王ゆかりの御殿山
昭和4年開業、朝廷の牧場から「牧野」

牧野駅（現在）

牧野駅の改札口、コンコースは地下に設けられている。ホームの北側（京都側）は穂谷川を跨ぐ鉄橋の上に位置している。

御殿山駅（現在）

相対式2面2線のホームをもつ御殿山駅。ホームは地下通路で結ばれている。普通のほか、準急、区間急行が停車する。

撮影：野口昭雄

3000系の特急（昭和53年）

御殿山駅北側の水路沿いを疾走する3000系特急。枚方市駅を過ぎるとかつては緑の多い田園地帯が広がりを見せ始めていたが、高度成長期以降は宅地化が急速に進んだ。

「御殿山」の駅名の由来は、惟喬親王の御殿があったことによる。惟喬親王は文徳天皇の第一皇子であったが、藤原氏の後ろ盾がないことから皇位にはつけず、後に出家して隠棲した。現在も残る御殿山神社は、別荘だった「渚院」の跡地といわれ、この地で在原業平が「世の中にたえて桜のなかりせば春の心はのどけからまし」の和歌を詠んだという。

御殿山駅は、昭和4（1929）年に開業した。当時、この駅周辺の線路は、京阪国道（現・京都・大坂府道13号）を走る併用軌道で、昭和6（1931）年に専用軌道化された。昭和44（1969）年まで駅構内に踏切があった。

牧野駅は淀川に注ぐ穂谷川のほとりに位置する。現在の駅ホームの北側は川を跨ぐ鉄橋上にある。昭和44（1969）年、この駅付近が高架化され、南西側の線路跡地は変電所、住宅地に変わった。改札口、コンコースは地下に設置された。

「牧野」の駅名は、朝廷の牧場があったことに由来する。滋賀県にあった「マキノ町（現・高島市の一部）」は、同地のスキー場の名称から名づけられたが、大阪方面からの京阪線利用客に配慮し、漢字名を避けたといわれている。駅の所在地は「牧野阪」で、「牧野本町」「牧野下島町」などの地名が残っている。

古地図探訪
昭和23年／御殿山・牧野付近

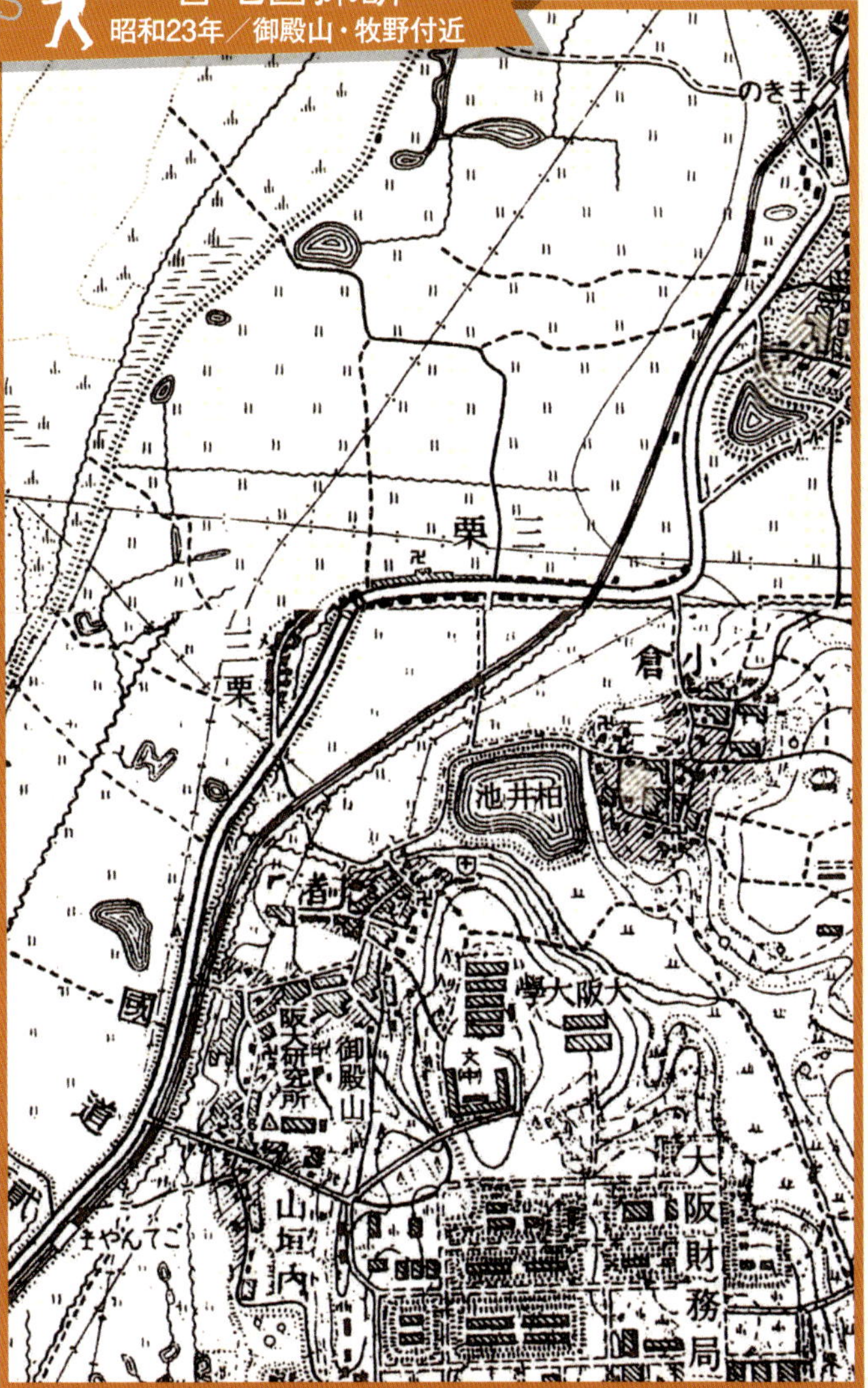

御殿山駅の東には、大阪大学の枚方学舎、阪大研究所などがあったが、現在は吹田キャンパスに移転している。「御殿山」「阪大研究所」の文字の横に見える「鳥居」マークは御殿山神社、「卍」マークは白雲寺である。その北東にある「柏井池」は埋め立てられて姿を消した。牧野駅周辺には、田畑が多く残っていた。

撮影：野口昭雄

600系の普通電車（昭和53年）

御殿山駅北側の風景。電車は1650形を改造した630形他の600系７連の普通淀屋橋行き。一般車両の緑の濃淡塗分けは昭和32年登場の旧1650形から登場したものである。

見所スポット

渚院跡

平安時代に皇族、貴族たちが訪れ、鷹狩や花見を楽しんだ交野ヶ原には、惟喬親王が別荘・渚院を置いた。その跡地は観音寺となり、現在は廃寺となり、梵鐘と鐘楼が残る。

牧野車塚古墳

４世紀後半に造られたものといわれる前方後円墳。北河内地方の首長の墓とされ、大正11（1922）年に国の史跡に指定された。

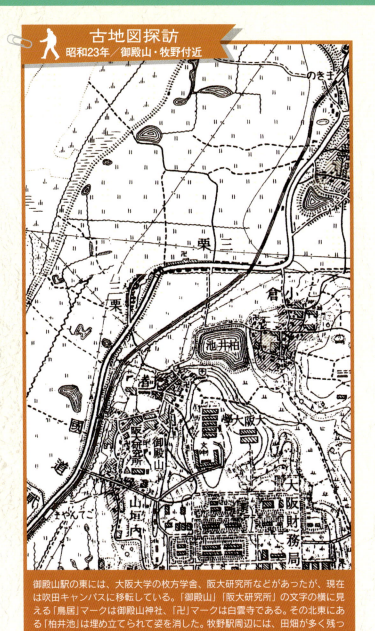

京阪本線

樟葉《くずは》・橋本《はしもと》

樟葉ニュータウン誕生で、拠点駅に 日本三古橋、山崎橋に由来する橋本

樟葉駅ホームと1900系特急（昭和40年頃）

地平時代の樟葉駅ホームと淀屋橋に向かう1900系下り特急（最後部は1810系からの編入車）。右は京都・大阪府道13号（旧国道1号「京阪国道」）と淀川の堤防。

樟葉駅（現在）

京阪百貨店などが入る「くずはモール」と一体化した樟葉駅。快速特急以外のすべての列車が停車する。「おけいはん」四代目は「樟葉けい子」の名前だった。

橋本駅（現在）

上下線の２つに分かれて建つ橋本駅の駅舎、大阪方面行き（下り）の改札口。普通と準急、通勤準急が停車する。

樟葉駅は明治43（1910）年の京阪本線開業時からの駅であるが、かつてはそれほど重要な駅ではなかった。しかし、昭和32（1957）年、樟葉パブリックゴルフコースが開場。昭和43（1968）年、日本初の官民一体型のミュータウンである「樟葉ニュータウン」の分譲が始まり、京阪間の主要駅のひとつとなっていく。昭和46（1971）年には、駅が大阪側に約300メートル移転、京阪デパートくずは店が開店、この駅も急行停車駅となった。翌年には、くずはモール街もオープンしている。

その後、平成15（2003）年には特急停車駅に昇格。平成16（2004）年には、松坂屋くずは店が開店した。翌年、くずはモールもリニューアルされた。

橋本駅は、京阪本線が京都府に入った最初の駅である。開業は京阪本線開通時の明治43（1910）年である。

「橋本」の地名の由来は、淀川に架かる橋（山崎橋）のたもとであることに由来する。もっとも、対岸の山崎との間にあった山崎橋は、日本三古橋のひとつとして8世紀から存在したものの、廃絶を繰り返し、江戸初期以来は失われたままだった。そのため、橋本の渡しが利用され、京（大坂）街道の宿場としても栄えた。遊郭があることでも知られた。

古地図探訪
昭和8年／樟葉・橋本付近

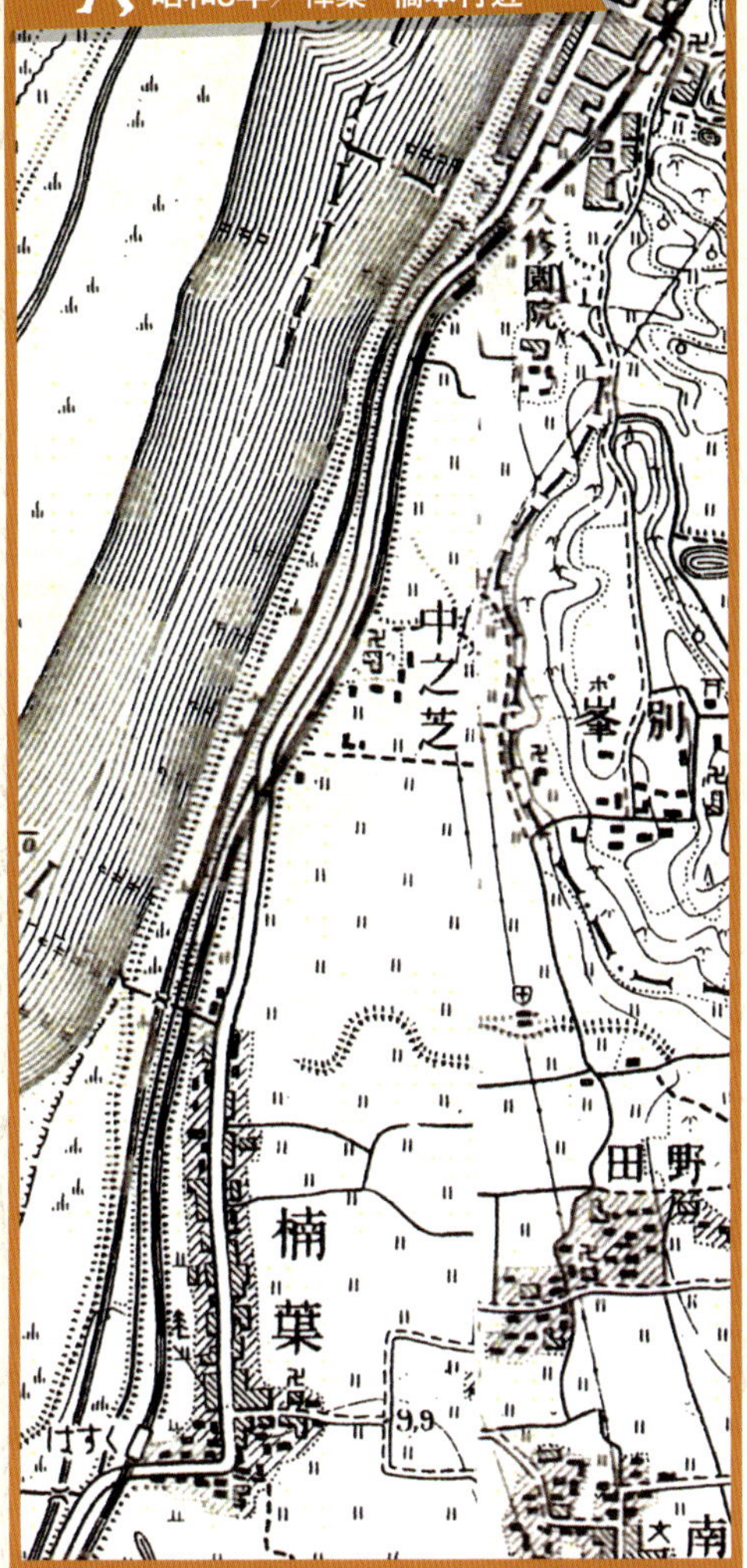

大阪府と京都府の府境は橋本駅の南、久修園院付近にある。駅名は「樟葉」だが、駅周辺の地名は「楠葉」となっている。樟葉駅の東にある「卍」マークは浄土宗の安養寺、一方、橋本駅の東にあるのは「卍」マークは法華宗の感應寺である。両駅の中間、「中之芝」付近には、浄土宗の光明院が存在する。

COLUMN
円福寺と洞が峠

樟葉駅の東、バスで約15分のところにある禅寺が「円福寺」。臨済宗最初の専門道場として、天明３（1783）年に開かれた。重要文化財指定の日本最古の達磨大師坐像があり、「達磨堂」として知られる。また、ここには戦前から多くの外国人が修行者としてやってきた。

最寄り駅は大阪府枚方市の樟葉駅だが、所在地は京都府八幡市福禄谷で、その東側にあるのが歴史上有名な「洞が峠」。戦国時代末期、羽柴（豊臣）秀吉と明智光秀による山崎合戦が行われた際、大和の大名、筒井順慶がここに兵を進めながら日和見をしたため、「洞ヶ峠（を決め込む）」の言葉が生まれた。が、実際には順慶は洞ヶ峠に来なかったともいわれる。

列をなす円福寺の修行僧

円福寺と洞ヶ峠付近の空撮

見所スポット

樟葉宮跡の杜
交野天神社の境内にある「樟葉宮跡の杜」は、継体天皇が即位した場所といわれる。付近の「市民の森」には観月の名所、鏡伝池がある。

樟葉中央公園
かつての樟葉付近には大小さまざまな池や沼が存在していた。そうした湖沼を取り込んで、水の豊かな樟葉中央公園が設けられている。

松花堂庭園・美術館
京都府八幡市内の松花堂庭園・美術館は樟葉駅が最寄り駅。美しい庭とともに「寛永の三筆」として知られる松花堂昭乗の作品を展示、企画展も実施している。

八幡市《やわたし》・男山《おとこやま》ケーブル

駅南に源氏ゆかりの石清水八幡宮
大正15年、男山ケーブルが開業

八幡町駅（昭和40年頃）

八幡町（現・八幡市）駅を通過する1810系特急と待避の2000系普通。左は男山（標高143m）で、当駅から京阪の鋼索線（男山ケーブル）があり、石清水八幡宮を結んでいる。

撮影：中村靖徳

八幡市駅（現在）

男山ケーブル（鋼索線）との連絡駅だが、乗り換えには一度、改札を出なければいけない。京阪本線の駅は単式、島式の複合型２面３線のホームをもつ。

1700系と1300形の特急（昭和30年）

八幡町駅（当時）の北側を走る1700系２連＋1300形の特急天満橋行き。最後部の1300形は増結車で、カラーのみ特急色、車内はロングシートだった。

撮影：野口昭雄

京阪本線には「枚方市」「寝屋川市」のほか、「門真市」「守口市」など「市」の名がついた駅が多い。この八幡市駅もそのひとつで、明治43（１９１０）年の開業当初は「八幡」駅だったが、「石清水八幡宮前」駅をへて、昭和23（１９４８）年に「八幡町」駅に改称。昭和52（１９７７）年の八幡市の市制施行に合わせて現駅名となった。

戦時中の駅名でもわかる通り、ここは石清水（男山）八幡宮の門前駅として、多くの参拝客が利用する。日本三大八幡宮のひとつで、皇室の尊敬が篤く、武神として、源氏をはじめとする武家の信仰を集めた。正月には、沿線の伏見稲荷大社とともに多数の初詣客が訪れる。

この神社への参拝客のため、大正15（１９２６）年、男山索道（現・京阪鋼索線、通称・男山ケーブル）が開通し、その八幡口駅との連絡駅となった。このケーブル線は太平洋戦争中、運行を停止していたが、昭和30（１９５５）年に復活し、昭和32（１９５７）年に駅名は八幡町（当時）に統一された。

この八幡市は、淀川を挟んで西北の大山崎町、島本町とも接しており、東側は久御山町、南側は枚方市となる。東北はかつての淀町で、現在は京都市伏見区の一部となっている。

撮影：野口昭雄

1900系の特急(昭和38年)

淀～八幡市間の宇治川・木津川を越える大築堤を行く1900系特急。右から2・5両目は1810系からの編入車、3両目は京阪特急名物だった「テレビカー」。

古地図探訪

昭和8年／八幡市付近

この八幡(現・八幡市)駅を挟んで、樟葉・橋本間を走る京阪電車は、左右にカーブしながら進むことになる。駅前を流れる木津川には御幸橋が架かり、南の男山に石清水八幡宮が鎮座。その周辺には多くの寺社が点在している。

男山駅

大正15(1926)年に開業した男山索道(男山ケーブル)の終点、男山駅。昭和32(1957)年、現在の男山山上駅と改称した。

見所スポット

流れ橋

木津川に架かる上津屋(こうずや)橋は、橋桁が固定されておらず、洪水の際に流失することから「流れ橋」と呼ばれる。時代劇撮影の舞台で知られる。

和気神社

奈良時代、平安時代初期の貴族、和気清麻呂が建立した足立寺を護持する神社として建てられ、現在は男山の西南の「足立寺史蹟公園」内に鎮座する。

石清水八幡宮

行教が宇佐神宮の神託を受け、貞観2(860)年に清和天皇が社殿を造営。後に伊勢神宮に並ぶ二所宗廟のひとつとなった。「男山八幡宮」は旧称。

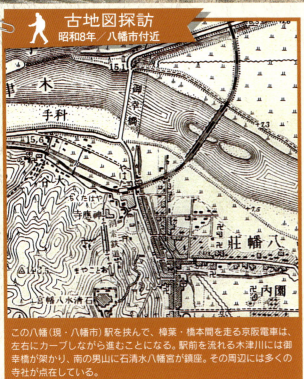

淀《よど》

京都競馬場で天皇賞・春、菊花賞競走
淀城は淀殿ゆかり、江戸の城が公園に

京都競馬場(昭和戦前期)

スタンドからレースを見守る大勢の人々。京都競馬場は大正14 (1925) 年12月に開場し、日本を代表する競馬場のひとつとなった。

淀駅(現在)

平成21 (2009) 年、下り線ホームの高架化とともに使用が開始された淀駅の新駅舎。上り線ホームは平成23 (2011) 年に高架化された。20系統の京都市バスがこの駅まで乗り入れている。

撮影：中村靖徳

淀駅(昭和40年頃)

高架駅となる前の淀駅の駅舎。三角屋根の正面に小さな駅看板が設置されていた。

京都・大阪間を走る京阪本線のなかでは、この淀駅付近の車窓風景に郊外電車の趣を感じる方が多いのではないだろうか。淀～中書島間の距離は4・4キロメートルで、京阪本線の中では一番長い。線路の南北には宇治川、桂川が流れている。

「淀」の地名は、豊臣秀吉の側室となった「淀殿(茶々)」の名前と、彼女のために秀吉が築いた淀城で有名である。城はすぐに廃城となったが、江戸時代に淀藩松平氏の居城として、新しい淀城が現在の淀城跡公園の地に築かれた。築城においては、二条城や伏見城の資材などが使われたといわれている。この城は鳥羽・伏見の戦いに巻き込まれ、城下町とともに兵火で焼亡したが、現在は本丸石垣や内濠の一部が保存されている。

この駅は、京都競馬場の最寄り駅として有名で、土日(祝日)開催日には数多くの競馬ファンで賑わう。電鉄側も急行の臨時停車で対応していたが、その後も、快速急行や特急などの臨時停車という形がとられている。競馬開催時には駅周辺の道路が混雑するため、平成11(1999)年から駅の高架化工事が開始され、上下ホームが高架となった。

昭和55(1980)年、この駅の大阪寄りに淀車庫が開設され、深草車庫に代わり、京阪本線の車両基地となった。

門真市
寝屋川市
枚方市
交野市
八幡市
京都市伏見区

淀駅（現在）

高架化された淀駅の高架下スペースには、駐車場などが設置されることになっている。

淀駅のホーム（現在）

島式の複合型２面４線がある淀駅のホーム。写真の車両は2000系の車体などを流用した2600系。

古地図探訪
昭和30年／淀付近

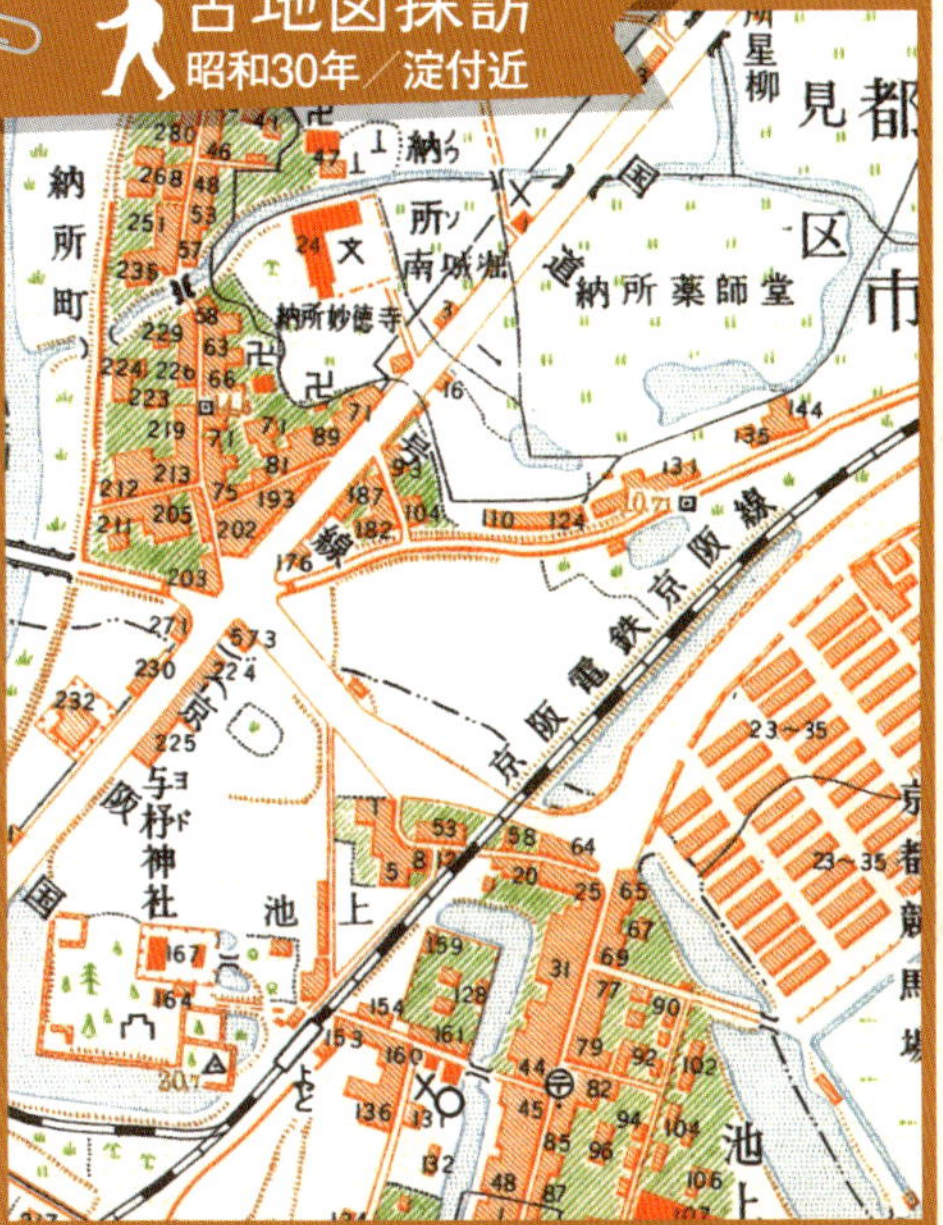

この当時、JRA（日本中央競馬会）栗東トレーニングセンターはなく、京都競馬場に厩舎が建ち並んでいた。競馬場付近のユニークな地名「向島又兵衛」は現在も残っている。淀駅のすぐ西にある与杼（よど）神社周辺は、その後、整備されて「淀城跡公園」となっている。国道１号は、府道13号（旧京阪国道）に変わった。

淀城跡（大正時代）

公園として整備される前、荒れ果てた姿の淀城跡。石垣だけが残り、天守台にはわずかに東屋が設置されていた。

見所スポット

京都競馬場

大正14（1925）年に開場、昭和11（1936）年に25,000人収容の大スタンドが建設された。4月に開催される天皇賞・春、11月に開催の菊花賞の舞台となる。

淀城跡公園

江戸時代、淀藩松平、稲葉氏らの居城だった淀城跡の本丸や石垣を利用し、昭和43（1968）年に開園した。豊臣秀吉が淀殿のために築かせた淀城は、この北約500メートルの場所にあった。

京阪本線

中書島《ちゅうしょじま》

宇治線と連絡、平成5年から特急停車
龍馬ゆかりの寺田屋、遊郭も存在した

500形の急行電車（昭和40年頃）

中書島駅は京阪線と宇治線の分岐駅で、京都方面からの直通列車は当駅でスイッチバックして宇治線に向かう。写真の500系３連は宇治線から到着して折り返し三条に向かう急行。右は順に京阪線下り、上りホーム。

中書島駅ホーム（現在）

中書島駅は急カーブ上に位置し、この１番線寄りに傾斜している。ホームに入線する列車の傾きがそれを如実に示している。

1900系の普通電車（平成２年）

宇治線でひっそり仕業中の元特急車1900系。３扉ロングシート化と車体更新を受けているがバンパーは健在。さすがに特急車の後身だけに乗り心地は抜群に良かった。

中書島駅（現在）

外壁の色が変わった中書島駅の北口駅舎。1番線ホーム側、大阪（淀屋橋）寄りに設けられている。快速特急以外の全列車が停車する。

「中書島」という地名、駅名は古代からの官位「中書（中務少輔）」に由来する。豊臣秀吉の家来で中務少輔だった脇坂安治が宇治川の中洲に屋敷を建てたことから、脇坂「中書」のいる「島」ということで、中書島の地名が生まれた。その後、江戸時代には遊郭（南新地）が置かれて繁栄し、太平洋戦争後まで残っていた。

この地に京阪が駅を置いたのは、明治43（１９１０）年である。大正２（１９１３）年には、支線の宇治線が開通。駅舎が移設されて、乗換駅となった。大正５（１９１６）年には、急行の停車駅となる。平成５（１９９３）年からは、一部の特急が停車するようになり、平成12（２０００）年には、全特急の停車駅となり、駅の重要性は増している。

地名でもわかるように、この地区の周囲は川や水路で囲まれている。駅のすぐ南側には宇治川、西側を高瀬川が流れる。駅の西、高瀬川の畔には、三栖神社が鎮座する。この神社は、毎年秋（10月）に行われる「炬火祭」が有名で、火をつけられた大きな松明が街をめぐり歩く。祭りの由来は、壬申の乱（672年）の際に、この地を通った天武天皇を村人が炬火（たいまつ）を灯して歓迎したことによるという。一時途絶えていたが、平成元（１９８９）年に復活した。

寺田屋（大正時代）

慶応２（1866）年、伏見奉行の配下による坂本龍馬襲撃事件の舞台となった旅館で、現在の建物はその後に再建されたものとされる。

撮影：荻原二郎

800形の普通電車（昭和34年）

中書島駅に停車中の800形３連。旧琵琶湖鉄道汽船（現・京阪の石山坂本線）が昭和２年に新製した木造車だけに円屋根が新鮮だった。晩年の塗色は濃緑１色だった。

古地図探訪
昭和26年／中書島付近

駅のある「中書島」は川と水路で囲まれた島であり、伏見方面とは京橋で結ばれている。駅の北にある「南新地」は、もと遊郭があった場所である。京都市電の伏見線は、この中書島駅前が最南端の停留場だった。駅の南西、桃山金井戸島は現在、「伏見港公園」となり、総合体育館や相撲場が造られている。

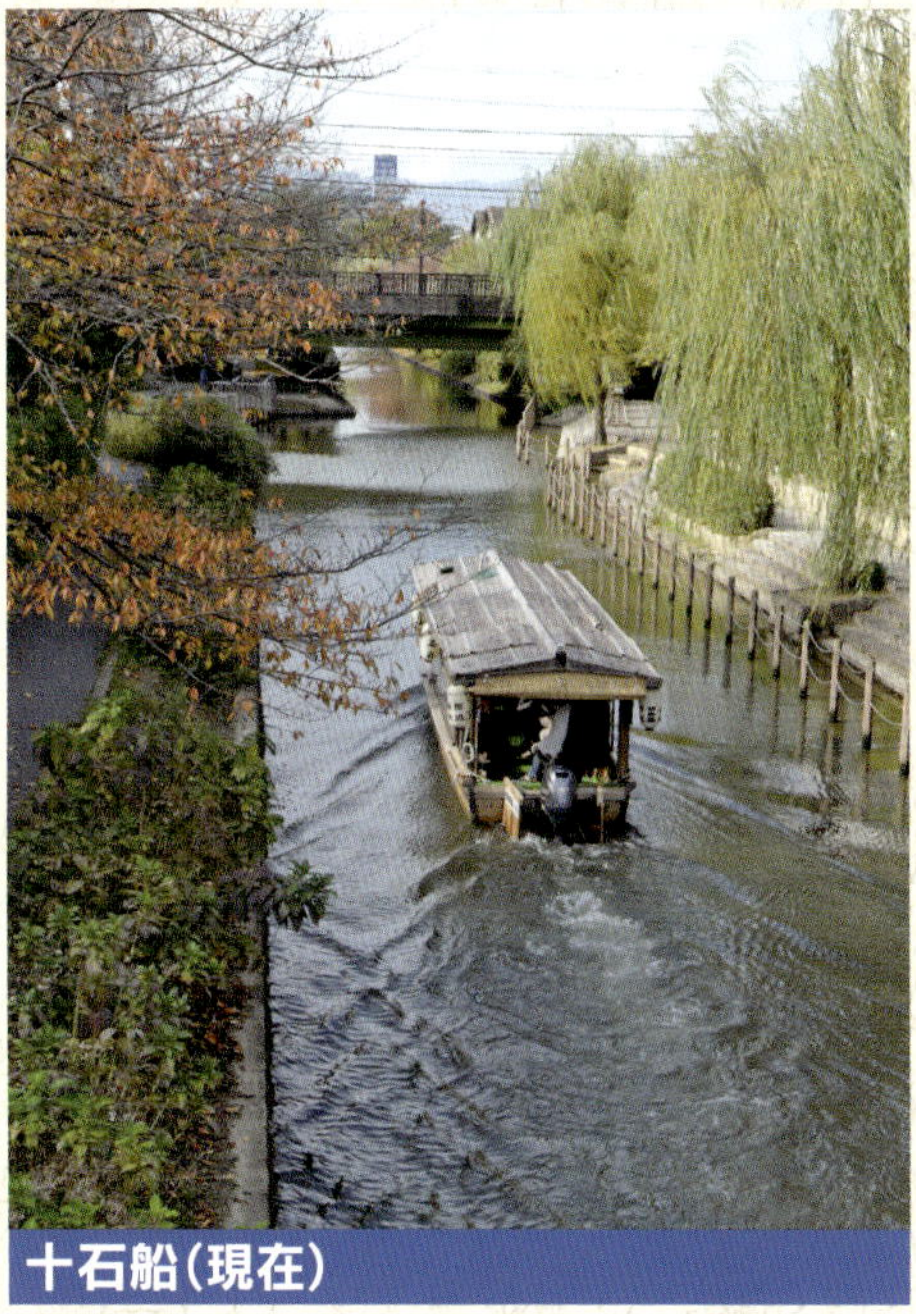

十石船（現在）

伏見観光協会が運航する遊覧船。定員の数が多い「三十石船」も運航されている。大倉記念館に近い濠川の弁天橋のたもとから発着する。

見所スポット

月桂冠大倉記念館

「月桂冠」発祥地の濠川河畔に建つ酒蔵を改装し、昭和62（1987）年に開設された酒造会社の企業博物館。伏見の酒造りと日本酒の歴史を紹介している。

長建寺

「島の弁天さん」として敬われる真言宗醍醐寺派の寺院。元禄12（1699）年、中書島開発の際に創建された。

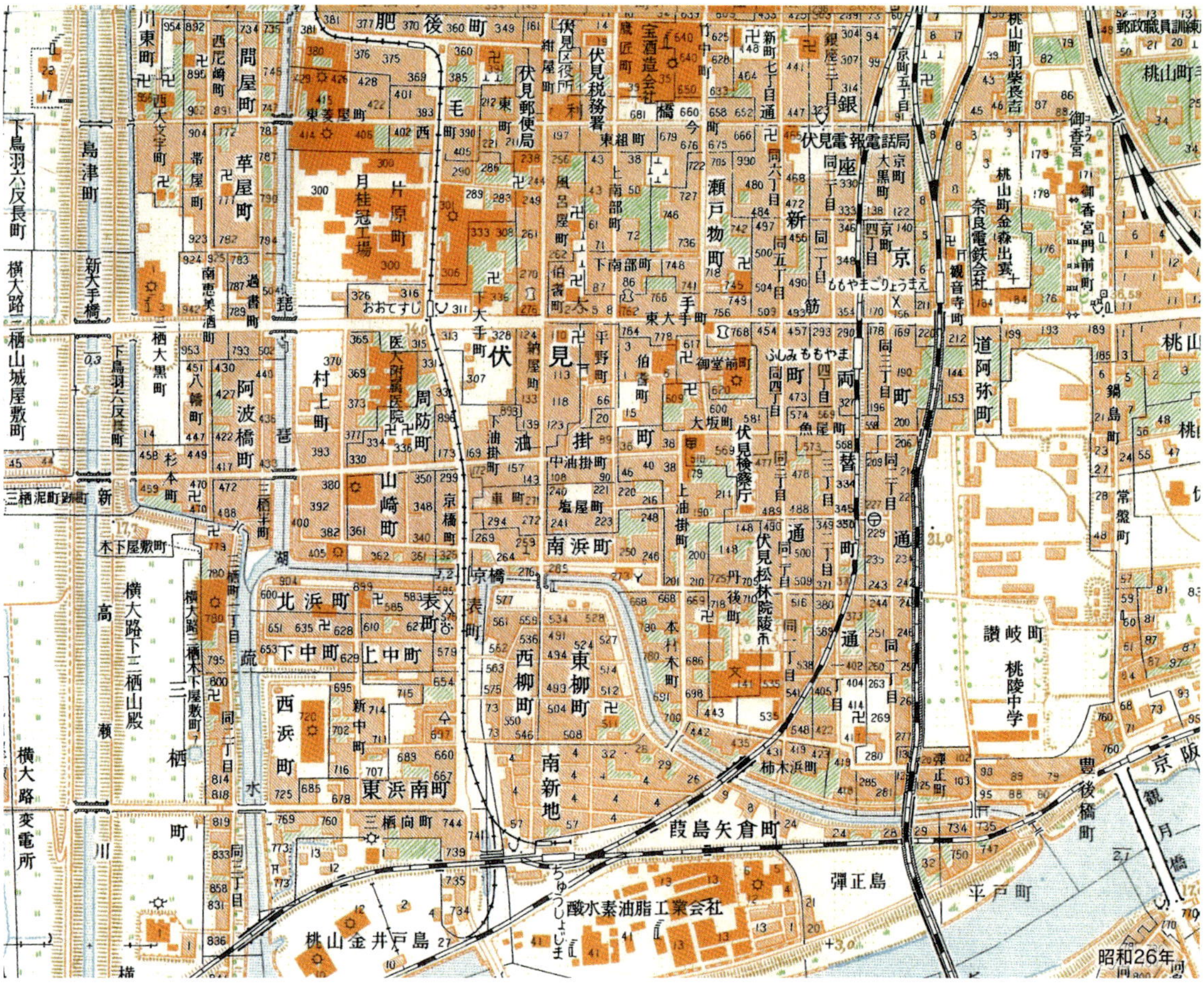

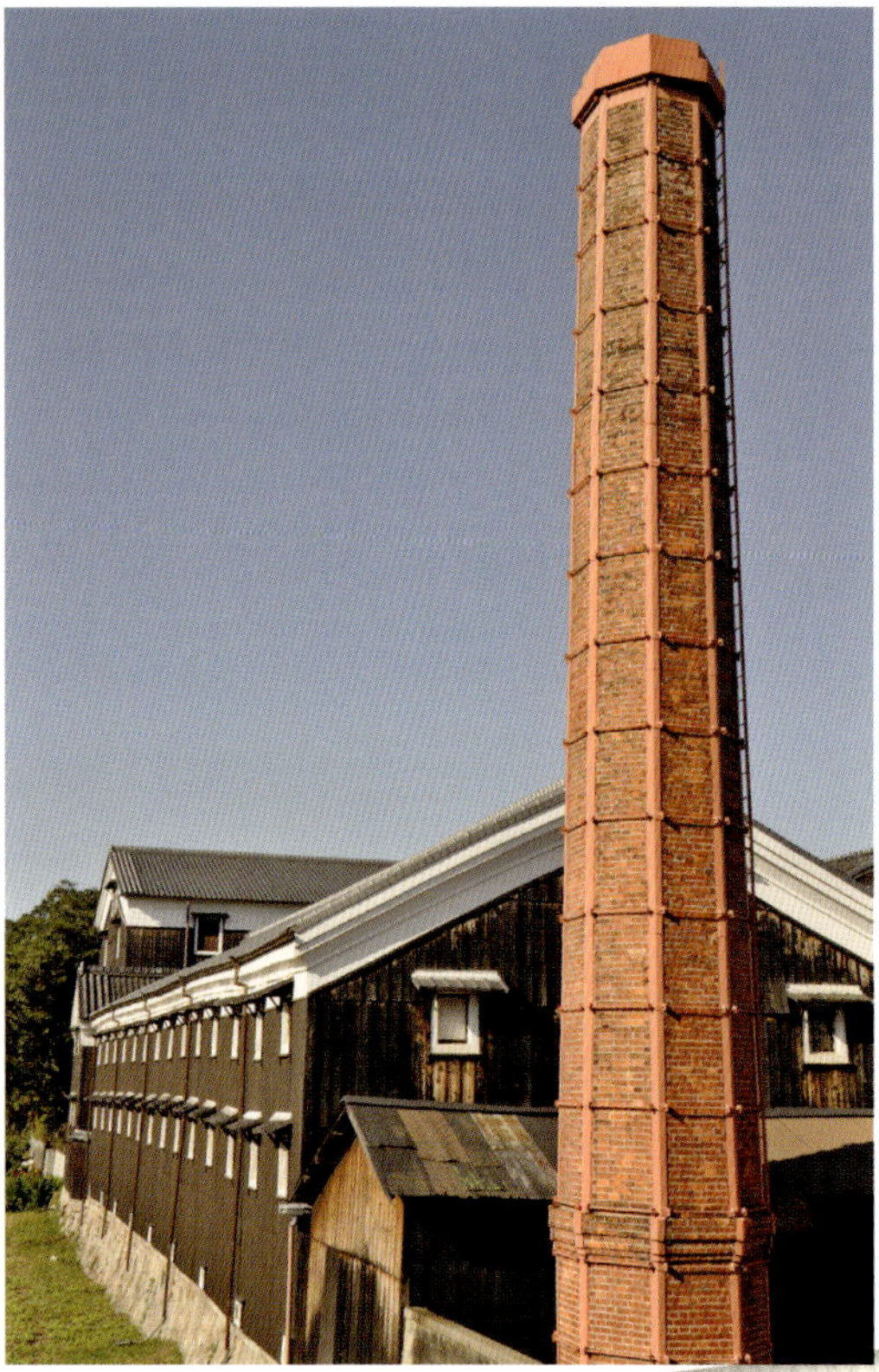

中書島付近の水路
濠川沿いに残されている月桂冠の酒蔵。歴史のある板塀が緑と水に映える。

松本酒造の酒蔵
寛永３（1791）年創業、「日出盛」「桃の滴」などブランドで知られる松本酒造の酒蔵。伏見区横大路三栖大黒町にある。

奉納の酒樽
奉納された酒造各メーカーの酒樽。

COLUMN

伏見の酒と沿線の野菜

古くから、摂津国(現・兵庫、大阪)の灘とともに「酒どころ」として知られてきたのが伏見である。山城国(京都)の伏見は「伏水」と表記されるほど、良質の水に恵まれた場所。伏見区御香宮門前町にある「御香宮神社」は、もとは御諸神社と呼ばれていたが、病気を癒す良質の水が湧き出すことから、清和天皇から「御香宮」の名を賜り、現在の神社名となった。この水は、現在も環境庁が選ぶ全国の「名水百選」のひとつに選ばれている。

この伏見には多くの酒造メーカーが存在し、街歩きを楽しみながら、酒蔵めぐりや酒に関する資料館、記念館を訪ねることができる。伏見の酒のブランドといえば、「月桂冠」「黄桜」「富翁」「キンシ正宗」「英勲」「松竹梅」など枚挙に暇がないほど。このうち、寛永14(1637)年創業の老舗「月桂冠」は伏見区南浜町に本社があり、「月桂冠大倉記念館」を開いている。また、河童のCMでおなじみの「黄桜」は同横大路下三栖梶原町に本社があり、同塩屋町の直営施設「カッパカントリー」内に「黄桜記念館」を設けている。

また、かつては農地も広がっていた京阪沿線にはさまざまな伝統野菜が栽培されてきた。地名を冠したものでは、酒どころである伏見(区内)に「伏見唐辛子」、お隣の桃山は「鼠だいこん」とも呼ばれる「桃山大根」が「京野菜」として有名だ。また、現在は伏見区淀周辺や八幡市内が「九条ねぎ」の主な産地となっている

大阪府内では、守口市内の「守口大根」が「なにわの伝統野菜」に認定されている。この大根を漬物にしたのが「守口漬」である。

月桂冠の瓶詰工場、自動連結瓶詰機(昭和戦前期)

寛永14(1637)年創業の老舗日本酒メーカー、月桂冠では他社に先駆けて、自動瓶詰のラインを完備した近代的な工場を作っていた。

濠川沿いの酒蔵と杉玉

伏見の酒蔵めぐりは、中書島駅付近の水路から眺めることもできる。上は「酒林」とも呼ばれ、造り酒屋の軒先に吊るされる杉玉。

撮影:中村靖徳

宇治線《うじせん》

大正2年に開通、観光から通勤路線に
平等院、萬福寺など歴史ある名所点在

観月橋の絵葉書（昭和時代）

かつては「桂橋」「豊後橋」とも呼ばれていた観月橋。明治41（1908）年に鉄橋となり、昭和11（1936）年にコンクリート製の橋に架け変わるまで利用された。京阪の観月橋駅の名称の由来となった名橋である。

撮影：荻原二郎

京阪の宇治駅（昭和40年）

移転する前の京阪の宇治駅。この当時は、京都（三条）方面からの直通列車が運転されていた。木造の屋根をもつたたずまいが観光地、宇治にふさわしい駅舎だった。

六地蔵駅のホーム（現在）

カーブした線形の途中に設置されている六地蔵駅のホーム。1番線に上りの普通電車が停車している。

中書島駅から伸びる宇治線は、大正2（1913）年に開通した。開業時の駅は観月橋、御陵前（現・桃山南口）、六地蔵、木幡、黄檗山（現・黄檗）、宇治の6駅が開設された。大正6（1917）年には、黄檗山〜宇治間に三室戸駅が開業した。

この線には、終着駅の宇治をはじめ、観光地の窓口となる駅が多く存在する。たとえば、六地蔵駅は浄土宗の寺院、大善寺の最寄り駅で、この寺は「京都六地蔵」のひとつであることから、駅名がつけられた。また、黄檗駅は、旧駅名の「黄檗山」萬福寺の門前にあり、禅宗のひとつである黄檗宗の大本山の山号から名付けられている。また、観月橋駅は宇治川に架かる橋名が由来で、豊臣秀吉が催した月見の場所として知られる。戦中から戦後にかけては、三室戸、観月橋、御陵前駅が廃止、休止となった歴史をもっている（いずれも再開）。

開通以来、観光路線の色合いが濃かった宇治線だが、戦後は沿線に京都、大阪方面に通うサラリーマン、ＯＬが住む通勤路線の意味合いが増した。伏見区内に向島住宅、醍醐石田団地、小栗栖団地などが次々と建設されたからである。昭和47（1972）年から、大規模な向島ニュータウンが造成され、宇治市内にも槇島団地が開発された。

古地図探訪
昭和30年／宇治線付近

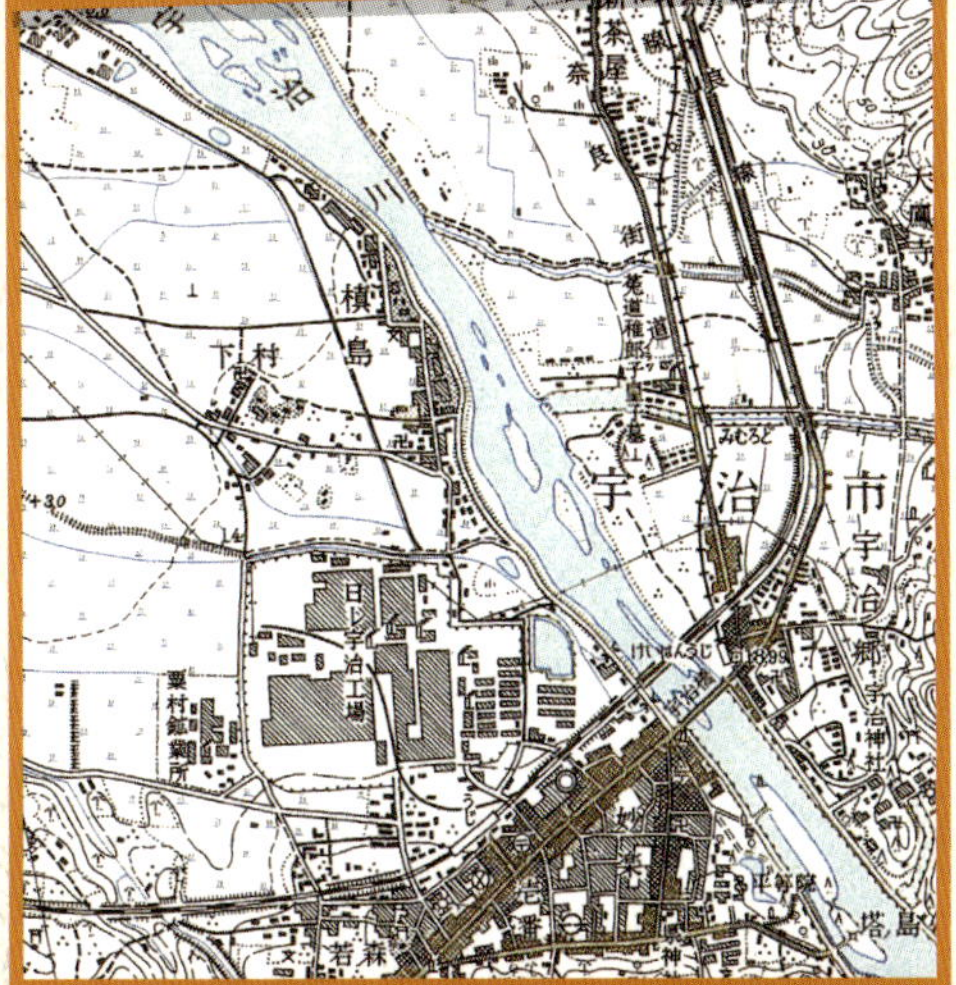

京阪宇治線は、宇治川の北側沿いに走る路線で、国鉄（現・ＪＲ）線とほぼ並行するように走っている。六地蔵駅付近で大きく南にカーブして、終点の宇治駅に向かうが、その南には巨椋池の一部だった、木幡池が広がっている。黄檗駅の西には、陸上自衛隊補給処（現・宇治駐屯地）がある。宇治駅周辺にも田畑が多く残っている。

宇治駅（現在）

宇治川を挟んだ対岸にあるＪＲ駅とともに世界遺産の観光地、宇治の玄関口となっている（京阪）宇治駅。平成７（1995）年、駅前再開発で現在地に移転した。

京阪の六地蔵駅（現在）

京阪の六地蔵駅は京都市伏見区にあり、ＪＲ、地下鉄の六地蔵駅は山科川を挟んだ宇治市側に位置している。

平等院（大正時代）

平安時代に建築され、世界遺産に登録されている平等院鳳凰堂。平成24（2012）年から平成26（2014）年に修理が行われる前の姿を示す。

宇治の茶摘み（明治時代）

初夏の風物詩となっている宇治の茶摘みの風景。唱歌「茶摘」の歌詞は、宇治田原町に伝わる茶摘み歌から取られたといわれる。

見所スポット

興聖寺

鎌倉時代の僧、道元が開いた日本最初の曹洞宗の寺院で、天福元（1233）年創建。紅葉の名所として知られる。参道の「琴坂」は「宇治十二景」のひとつ。

三室戸寺

宝亀元（770）年、光仁天皇の開基と伝わる本山修験宗の別格本山。本尊の千手観音は秘仏で、平成21（2009）年に84年ぶりに開扉された。

宇治の茶畑

宇治は静岡、狭山と並び、「日本三大茶」といわれる銘茶の故郷。宇治市内だけでなく、和束町、南山城村などに茶畑が広がる。

京阪本線

伏見桃山《ふしみももやま》、丹波橋《たんばばし》

豊臣秀吉が築いた伏見城、明治天皇陵も 丹波橋では西大寺方面、近鉄京都線連絡

撮影：中村靖徳

丹波橋駅（昭和40年頃）

昭和43年まで長く続いた近鉄京都線（旧・奈良電気鉄道）との相互乗り入れでは、京阪の丹波橋駅が連絡駅となって両社の車両が乗入れていた。写真は相互乗り入れ時代の北口西側の風景。

丹波橋駅（現在）

近鉄京都線との連絡駅で、南口は橋上駅舎、北口は地下駅舎となっている。駅事務室やJTB京阪トラベルなどは、南口の橋上駅舎に入っている。

伏見桃山駅（現在）

伏見桃山駅の地下の改札口、コンコースへの地上出入り口。踏切の向こう側には伏見大手筋商店街のアーケードがある。

伏見桃山駅の東側には、近鉄京都線の桃山御陵前駅、JR奈良線の桃山駅がある。付近には、豊臣秀吉が築いた伏見城の遺構と、明治天皇の伏見桃山陵、さらにはJR桃山駅の東に乃木神社があることから、戦前の一時期には、多くの参拝客がここを利用した。

伏見桃山駅は、明治43（1910）年に「伏見」駅として開業、大正4（1915）年に現駅名となった。戦前は急行の停車駅だったが、昭和24（1949）年からは通過している。

丹波橋駅は明治43年、「桃山駅」として開業。大正12（1923）年に現駅名となった。「丹波橋」とは、この付近に「桑山丹波守」の屋敷があり、架けられた橋名「丹波橋」が由来とされる。

昭和3（1928）年、奈良電気鉄道（現・近鉄京都線）の桃山御陵前〜西大寺間が開通。近鉄側には開通以来、堀内駅が存在していた。ところが、戦後間もない昭和20（1945）年から、京阪と近鉄の相互剃り入れが実施されるようになり、堀内駅は廃止されて、丹波橋駅は京阪、近鉄の共同使用駅となった。その後、昭和43（1968）年に相互乗り入れは廃止され、近鉄の丹波橋駅は、「近畿日本丹波橋」駅となり、昭和45（1970）年に「近鉄丹波橋」駅となった。

撮影：荻原二郎

700形の普通電車（昭和30年）

丹波橋駅に停車中の700形普通電車。同一ホームで奈良電（現・近鉄京都線）と乗り換えが出来た。京阪と奈良電の相互乗り入れは昭和20～43年の間行われ、接続駅は京阪の丹波橋駅が使われた。

古地図探訪
昭和26年／伏見桃山、丹波橋付近

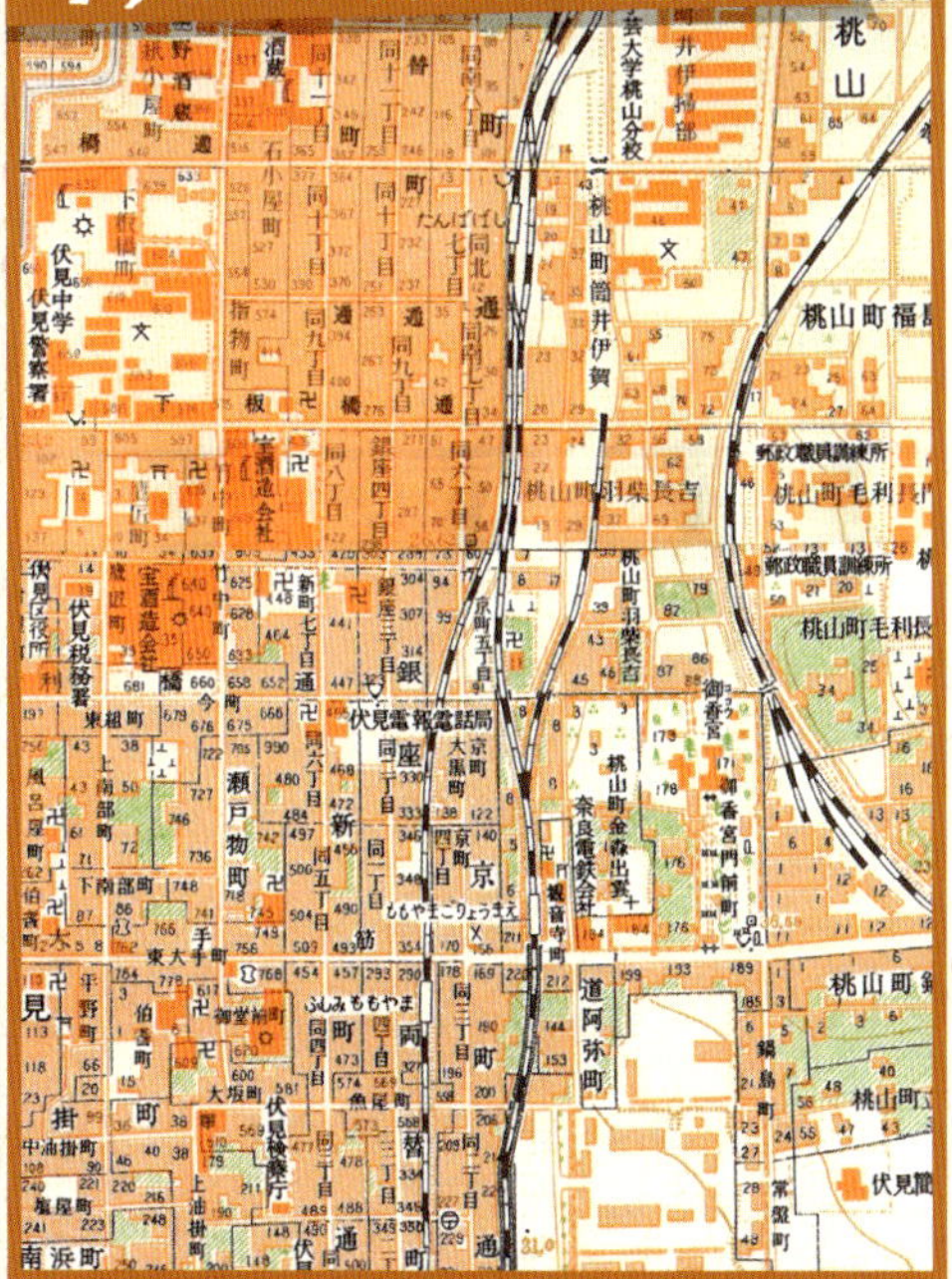

京阪の伏見桃山駅、奈良電（現・近鉄）の桃山御陵前の東には「奈良電鉄会社」があり、両社線は丹波橋駅で相互乗り入れを行っていた。その南には、軍用地（第十六師団）の跡地が残されていた。丹波橋駅北西の「キンシ正宗酒造」本社は現存し、中京区内に酒造の展示施設「堀野記念館」を設けている。

奈良電鉄1350形（昭和31年）

撮影：荻原二郎

京阪の丹波橋駅は京阪と奈良電（現・近鉄京都線）の相互乗り入れ時代に乗り換え駅となっていた。写真は停車中の奈良電デハボ1350形急行。同車は昭和38年の近鉄合併後、特急車モ690形に改造された。

丹波橋駅信号扱所（昭和40年代前半）

撮影：中村靖徳

丹波駅では京阪電鉄と奈良電鉄が同じ構内に乗り入れるため、信号取扱い所の責務はとりわけ重要であった。

見所スポット

伏見桃山城運動公園

伏見桃山城キャッスルランドの閉園に伴い、京都市が運動公園として整備。平成19（2007）年に開園した。復元された伏見桃山城の天守閣が残されている。

明治天皇陵

大正元（1912）年、豊臣秀吉が築いた伏見城本丸跡に、明治天皇の伏見桃山陵が設けられた。すぐ東には昭憲皇太后の伏見桃山東陵がある。

京阪本線

墨染《すみぞめ》、藤森《ふじのもり》、深草《ふかくさ》

平安時代の名歌ゆかりの墨染、深草駅 藤森の神社は、競馬関係者が篤く信仰

藤森駅（現在）

名神高速道路の真下に位置する藤森駅。改札口の前には、琵琶湖疏水に架かる堀田橋がある。

墨染駅（現在）

墨染駅付近を走る淀屋橋行きの準急電車。伏見区内にはまだまだ多くの踏切が残されている。

撮影：中村靖徳

深草駅における相互乗り入れ電車（昭和40年頃）

京阪と近鉄京都線(旧奈良電)との相互乗り入れ末期の頃の深草駅。モ430形（元奈良電デハボ1000形）＋ク590形（元奈良電クハボ650形）の３連準急近鉄奈良行きが京阪2000系の普通宇治行きと緩急連絡している。

墨染駅の駅名は桜の名木「墨染桜」に由来する。平安時代、太政大臣の藤原基経が死去し、この地に葬られた際に上野岑雄が「深草の野辺の桜し心あらば今年ばかりは墨染に咲け」の和歌を詠み、以後、桜が墨染色に咲いた。この地に建てられた寺が「墨染寺」と呼ばれるようになり、後に地名、駅名になった。京阪本線の開通時の明治43（１９１０）年に墨染駅は開業した。伏見駅の朱色に対し、ホームの柱が薄墨色に塗られている。

藤森駅は、戦前この付近に陸軍の第十六師団があったことから、明治43年に「師団前」駅として開業している。昭和16（１９４１）年、防諜上の理由で、現駅名に変わった。現駅名の「藤森」は、付近にある藤森神社に由来する。

深草駅は明治43年4月、「稲荷」駅として開業したが、12月に現駅名（深草）に改称された。開業以来、「深草車庫」が併殺されていたが、淀車庫が開設されたことにより、昭和55（１９８０）年にこの深草車庫は廃止となった。「深草」は伏見区内に広がる地名で、古くから藤原俊成の名歌「夕されば野辺の秋風身にしみて鶉鳴くなり深草の里」で広く知られていた。開業時の駅名でわかるようにＪＲ（旧・国鉄）奈良線の稲荷駅は近く、徒歩３分ほどで連絡可能である。

深草駅（現在）

橋上駅舎をもつ深草駅の西口。橋上駅舎は京都（出町柳）寄りにある。右奥にのぞくホームの柱は深緑色に塗られている。

古地図探訪

昭和26年／深草、伏見稲荷付近

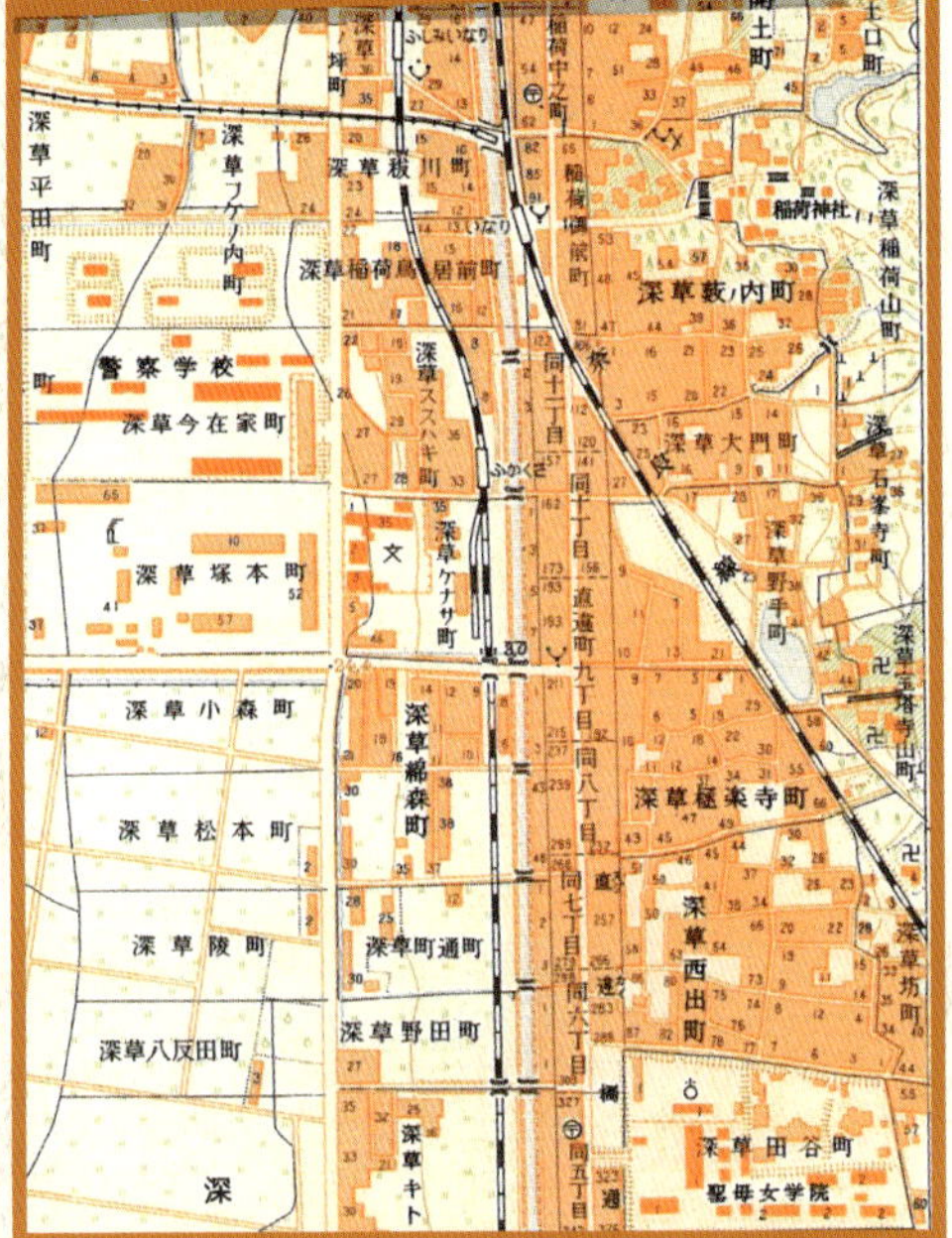

深草駅の周辺には「ケナサ」「ススハキ」という珍しい片仮名地名が残されている。この当時、京阪線の西側には田畑が多く残されていた。京阪伏見稲荷駅、国鉄（現・ＪＲ）稲荷駅の間には、市電稲荷線の終点（稲荷停留場）があった。「稲荷神社（伏見稲荷大社）」の東側は「深草稲荷山町」の地名に。

撮影：中村靖徳

市電との交差（昭和40年頃）

京阪電鉄は京都市電と四条、七条、東山三条（京津線）、伏見稲荷で、大阪市電と野田橋で平面交差していた。なかでも伏見稲荷～深草間の京都市電稲荷線との平面交差は専用軌道同士の交差で、なかなかの趣があった。左は市電の信号扱い所。

見所スポット

墨染寺

貞観16（874）年、清和天皇の勅願により創建された。中心が薄墨色に見える墨染桜は現在、三代目となっている。

藤森神社

神宮皇后ゆかりの寺として３世紀に創建されたと伝わる。毎年６月、紫陽花苑で「紫陽花まつり」が開催される。

宝搭寺

藤原基経が開いた極楽寺を前身に、鎌倉時代末期、日像の廟所に祀った題目石塔から日蓮宗の寺院、宝搭寺が誕生した。

伏見稲荷《ふしみいなり》、鳥羽街道《とばかいどう》、東福寺《とうふくじ》

稲荷の総本社、伏見稲荷大社の門前駅
街道由来の鳥羽街道、名刹・東福寺も

鳥羽街道駅（現在）

大阪寄りの十条通り（鳥羽通り）沿いに面した鳥羽街道駅の駅舎、改札口。すぐ南には阪神高速８号京都線が通っている。

東福寺駅（現在）

ＪＲ奈良線との連絡の矢印が見える東福寺駅の東口改札。ＪＲ線は京阪本線の線路を越えた西側にある。

撮影：荻原二郎

200形の普通電車（昭和30年）

晩年の200形。当形式は大正６～13年に量産された木造の100形の一族で、初の連結運転を可能にした車両だった。京阪線、大津線で活躍した。

伏見稲荷駅は明治43（１９１０）年４月、「稲荷新道駅」として誕生し、12月に「稲荷」駅となった。昭和14（１９３９）年、今度は「稲荷神社前」駅となり、昭和23（１９４８）年、稲荷神社が伏見稲荷大社と改称したことで、駅名も「伏見稲荷」と変化した。ホームの柱や柵は朱色に塗られている。普段は乗降客の少ない駅だが、正月の初詣の際には大勢の利用客で賑わうため、臨時の改札口、切符売り場が設けられる。

鳥羽街道駅は同じく明治43年に開業している。駅名の由来は、幕末の鳥羽・伏見の戦いで有名な「鳥羽街道」から。羅生門から鳥羽をへて淀に至る、京都南部の主要道路の名称で、当時は白河上皇の鳥羽離宮も存在していた。

東福寺駅は、同名のＪＲ奈良線の駅との連絡駅となっている。駅名は臨済宗東福寺派の大本山で、紅葉の名所として有名な通天橋がある「東福寺」に由来する。

歴史的には、ＪＲ奈良線（開業当初は東海道線の一部）の方が古いものの、駅としては京阪の駅が先で、明治43年に開業している。ちなみにＪＲ東福寺駅は、戦後の昭和32（１９５７）年開業で、半世紀ほどの差がある。名刹、東福寺の最寄り駅は鳥羽街道、東福寺駅の両駅で、距離はほとんど変わらない。

伏見稲荷駅(現在)

京都府道119号稲荷停車場線に面した伏見稲荷駅。この道路により、ＪＲ稲荷駅と結ばれている。柱の朱色は神社に合わせて塗られている。

古地図探訪

昭和26年／鳥羽街道・東福寺付近

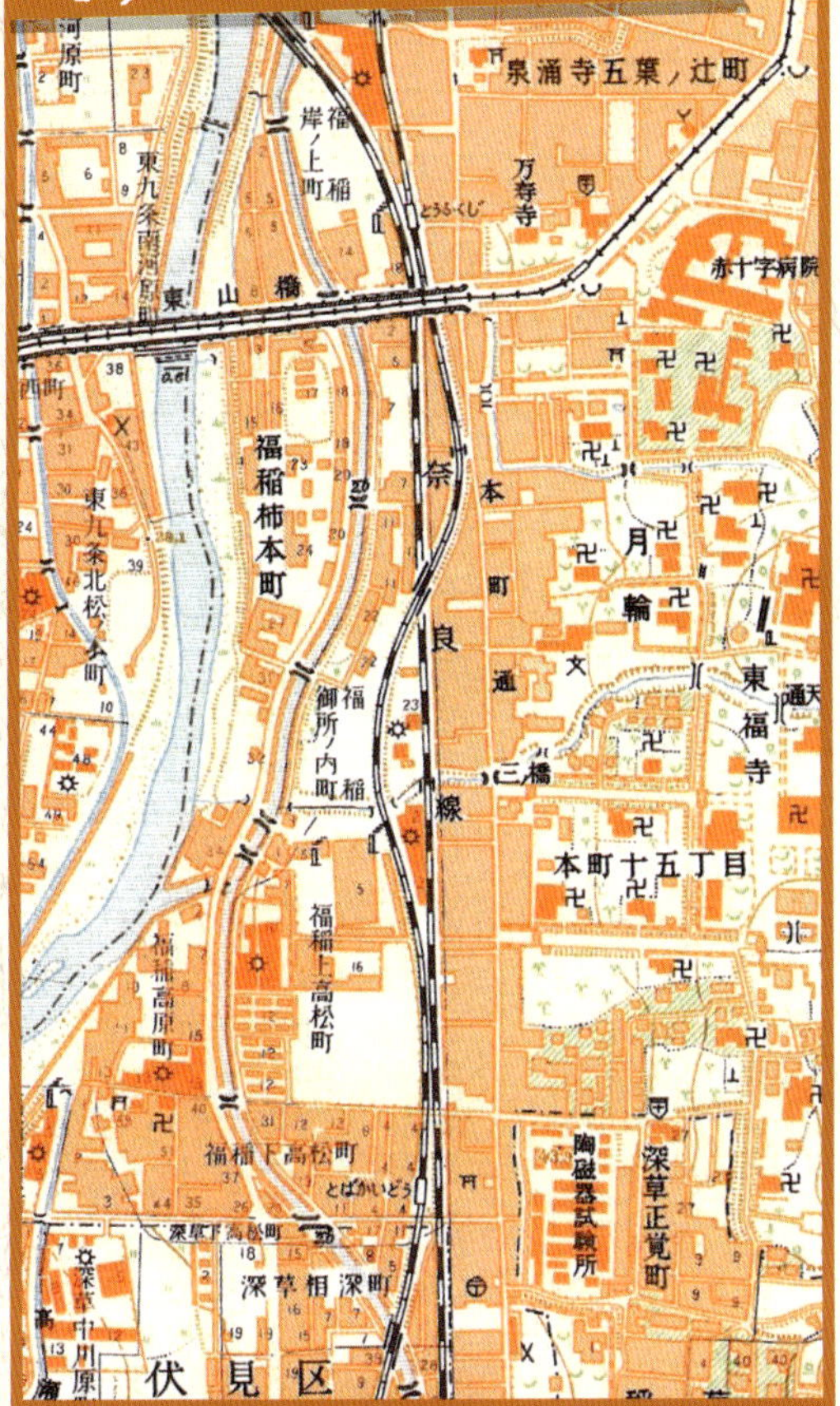

鳥羽街道駅の東にあった国立の「陶磁器試験所」は昭和27年に名古屋市に移転。その東の深草南明町には「藤原俊成之墓」がある。この当時、国鉄（現・ＪＲ）の東福寺駅は開業していなかった(昭和32年の開業)。南東側に広がる東福寺には塔頭が多く、「通天橋」も明記されている。

鴨川橋梁(大正時代)

旧東海道線（現・奈良線）の鴨川橋梁を走る列車。２両の蒸気機関車が前後で牽引している。なお、「加茂川」は「鴨川」の通称である。

東福寺付近の立体交差の絵葉書(大正時代)

国鉄（現・JR）の旧東海道線（現・奈良線）の上を走る京阪の電車。この当時、JRの東福寺駅は存在せず、開設は戦後の昭和32（1957）年のことである。

見所スポット

伏見稲荷大社

稲荷山の麓にある伏見稲荷大社は、全国に約３万ある稲荷神社の総本社。「千本鳥居」は外国人旅行者に人気がある。

東福寺

臨済宗東福寺派大本山で、嘉禎２(1236)年に創建された。山内の渓谷に架かる通天橋は、紅葉の名所として人気が高い。

鳥羽伏見の戦跡

鳥羽離宮跡公園内にある。幕末にこの地で行われた鳥羽伏見の戦いを記念し、明治45（1912）年に建立された。

撮影：野口昭雄

浜大津に到着した連接車「びわこ号」60形の61号車。60形は昭和９年に日本車輌で３編成が新製され、戦前は天満橋～浜大津間の直通特急に使用された。戦後は昭和36年まで臨時の直通に使われ、その後京津線に転じて昭和45年までに廃車となった。63号車が保存されている。

昭和28年２月１日よりＴＶの本放送開始後、京阪では翌29年９月からＴＶ搭載の特急電車を走らせた。17型ＴＶに３素子アンテナを付けたが、京都と大阪ではアンテナの向きを180°変える必要とカーブでの微調整が必要だったため、乗務員が操作していた。写真は昭和29年９月４日撮影。

提供：毎日新聞社

最後の活躍を見せる3000系
テレビカー

大井川鐵道に譲渡された京阪3000系

COLUMN
「テレビカー」と「びわこ号」

京阪には歴史に残る名車が多い。その代表的なものが「びわこ号」となった60形電車、「テレビカー」としてデビューした初代1800系である。

60形電車は、京阪本線と京津線の両方を走るために製作された特殊な構造をもった車両だった。その理由は、京津線が軌道線であり、そのサイズに合わせながら、急なカーブを曲がれて、多くの人員が輸送できるように、日本初の「連接車」が誕生したのである。

昭和9（1934）年にデビューした60形は特急「びわこ号」として、天満橋と浜大津間で運行された。途中停車するのは三条大橋（現・三条）だけだった。この「びわこ号」は昭和15（1940）年頃まで運転され、戦後は京津線で使われた。現在、「63号車」が寝屋川車庫に保存されている。

「京阪特急」の名物として、長く親しまれてきたのが「テレビカー」。初代1800系から、1900系、初代3000系、8000系と受け継がれ、平成25（2013）年に廃止されるまで、京阪本線を走り続けた。

初代1800系は、昭和26（1951）年に導入された特急用の1700系と同じ車体、車内構造だったが、大きく異なる特徴が「車内テレビ」の存在だった。昭和28（1953）年に導入された1800系の２両に昭和29（1954）年、松下電器（現・パナソニック）の協力でテレビが取り付けられる。このサービスは人気を集め、「テレビカー」は京阪登録商標として有名になった。

このときは白黒テレビだったが、昭和46（1971）年に導入された初代3000系からは、カラーテレビが設置されている。

昭和９年４月２日より大阪·天満橋～大津間に60形連接車によるノンストップの特急「びわこ号」の運転を開始した。写真はそれに先立ち、京津線追分付近を行く試運転風景。昭和９年３月22日撮影。

京阪本線

七条《しちじょう》

七条通りの西にはJR、近鉄の京都駅
東山に智積院、三十三間堂、博物館も

撮影：野口昭雄

1300形他の普通電車（昭和30年代）

七条駅に停車中の普通電車。前の1300形は昭和23年に登場した運輸省規格型で、幕板が厚く窓が低いタイプ、後の1650形は京阪タイプの高い窓で、昭和32年に登場した初の両開扉車だった。

七条駅（現在）

七条通りと川端通りの交差点の北西にある地上出入り口。鴨川の土手（左）には桜と柳が植えられている。

撮影：荻原二郎

2000系の急行（昭和45年）

旧ホーム跡の花壇が美しい七条駅を発車した2000系急行三条行き。花壇は京阪枚方パークが担当。花壇の向こうは鴨川の流れを見渡すことができた。

京阪本線の天満橋～五条間の開通時には、この駅の北側に大仏前、南側に塩小路という2つの駅が置かれ、七条駅は存在しなかった。「七條（現・七条）」駅が開業したのは大正2（1913）年で、同時に大仏前駅が廃止されている

このとき、駅前の七条通りが拡張されて、京都市電の七条線が開通したことにより、国鉄（現・JR）の京都駅との連絡がより便利に（現在は市バスの運行）。大正5（1916）年には、急行停車駅となった。戦後の昭和25（1950）年には特急停車駅となるなど、京都側の主要駅の役割を果たしてきた。昭和62（1987）年に地下駅になっている。

ここも清水五条、四条両駅と同様、周辺に観光スポットである神社仏閣が多数存在する。鴨川の東側、東山七条方面には、三十三間堂（蓮華王院本堂）や養源院、智積院、方広寺、豊国神社など。（ホテル）ハイアットリージェンシー京都と向かい合って建ち、大規模な企画展が開催される京都国立博物館も、この方面の重要な観光拠点となっている。

鴨川の対岸、七条大橋を渡った河原町、烏丸方面には、東本願寺、渉成園（枳殻邸）がある。JR、近鉄、市営地下鉄の京都駅は至近距離ではあるが、市バスを使って移動する人も多い。

古地図探訪
昭和26年／七条付近

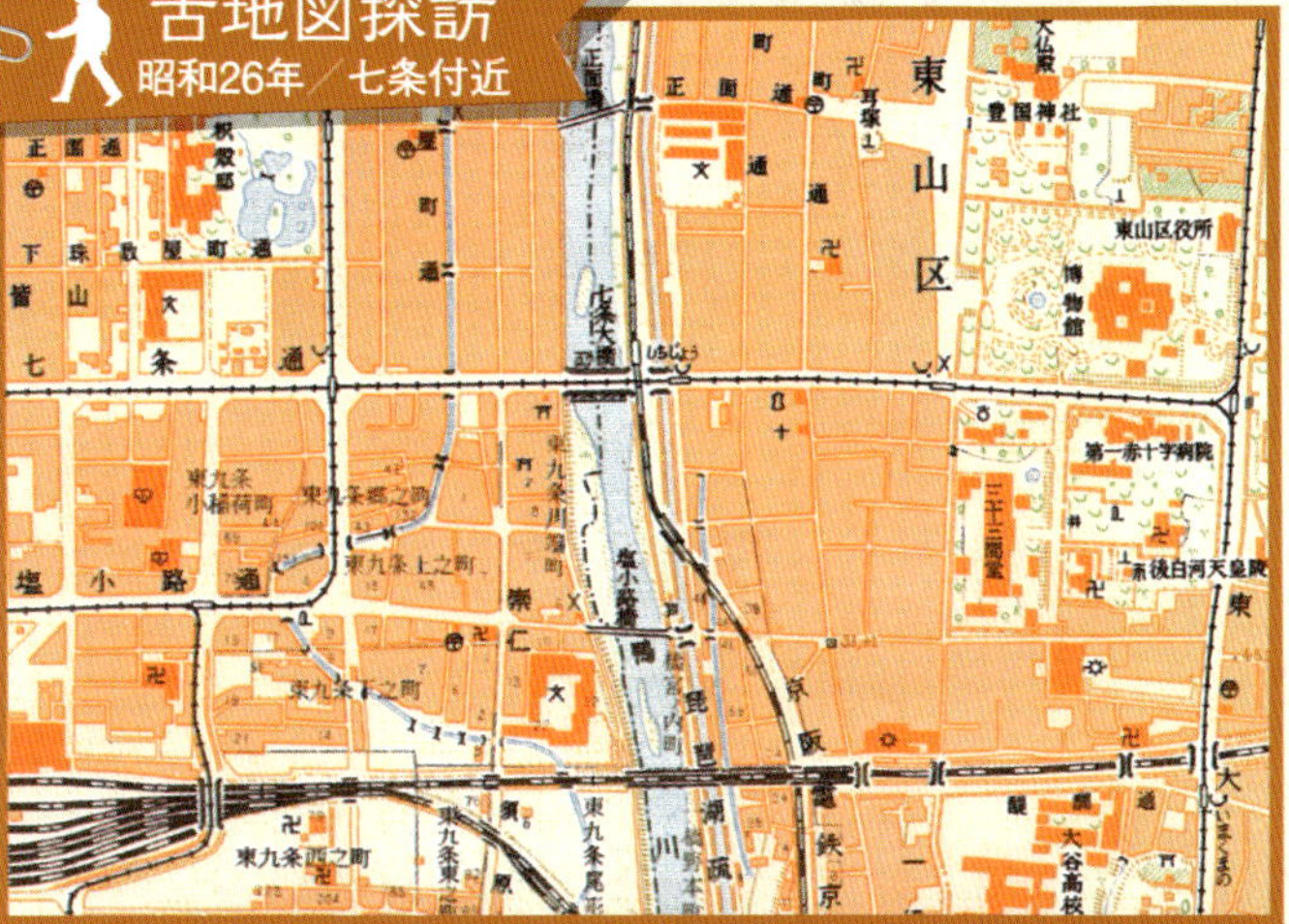

京阪駅（七条）と国鉄駅（現・ＪＲ京都）は、かなり距離が近いことがわかる。鴨川の東側には、豊国神社、京都国立博物館、三十三間堂などの観光スポットが並んで存在する。七条通りの南側では、京阪本線はカーブしながら、疏水とやや離れた場所を走っている。枳殻邸（渉成園）の南にある「文」マークは「下京渉成小学校」。

七条大橋（大正時代）

七条線の市電が開通した頃の七条大橋。右手に同じく開設されたばかりの京阪の七条駅の一部が見える。

京阪電車と交差する市電（昭和40年頃）

京阪本線と平面交差する京都市電は四条、七条、稲荷の３ヵ所、他に京津線の東山三条があった。この七条線８系統は、九条車庫を起点とする環状路線だった。

見所スポット

東本願寺

真宗大谷派の本山で、正式名称は「真宗本廟」。飛び地の枳殻邸（渉成園）は、池泉回遊式庭園として公開されている。

豊国神社

豊臣秀吉を祀る神社として、慶長４（1599）年に創建。隣接する方広寺は、焼失した大仏、国家安康の梵鐘で有名。

京都国立博物館

明治30（1897）に開館した当時にできた明治古都館（旧・本館）や西門（旧・正門）が残されている。

京阪本線

清水五条《きよみずごじょう》

世界遺産登録の清水寺は古い観音霊場
鴨川の五条大橋は牛若丸、弁慶出会い

清水五条駅（現在）

五条通りと川端通りの交差点西北の地上出入口。五条通りを東山方面に走る自動車が見える。

撮影：中村靖徳

五条駅正面（昭和43年）

三条、四条駅に比べて簡素な造りだった五条駅。川端通り脇にひっそりと建っていた。五条通りの北にあった、大阪方面のホームに続く駅舎である。

五条大橋の絵葉書（明治時代）

「京坂電車」の説明がなされている開業当時の五条駅。鴨川の改修が行われていた様子がわかる。

撮影：野口昭雄

600形準急（昭和30年）

五条駅を発車した三条行きの準急。車両は戦前の名車600形で、赤・黄の特急に対し、急行はクリームとオレンジにしたが長くは続かなかった。

明治43（1910）年、京阪の京都本線が開通したとき、京都側の起終点はこの駅で、当時の駅名は「五條（後に五条）」だった。平成20（2008）年の駅名改称で「清水五条」となっている。

始発駅の頃は、五条通りの南側に駅があり、始発駅として大きな役割を果たしていたが、大正4（1915）年に三条まで延長されると、役割は徐々に低下する。昭和19（1944）年には急行の停車が廃止され、昭和20（1945）年から昭和21（1946）年にかけて、一時は駅そのものが休止された。戦後も急行、特急はこの駅を通過し、ローカル駅の扱いに甘んじていた。

しかし、昭和62（1987）年に鴨東線の地下化工事に伴う地下駅となり、平成元（1989）年には急行停車が復活する。この頃から、京都観光の窓口のひとつとして重要性が増した。最寄り駅である清水寺が世界文化遺産に登録されたこともあり、現在の駅名が選ばれた。

国宝の本堂をもち、桜の名所でもある清水寺以外にも、この駅の東側には名所旧跡が点在する。大谷本廟や六波羅密寺、六道珍皇寺、地主神社や陶磁器の河合寛次郎記念館がある。毎年8月に開催される五条坂の「陶器まつり」では、多くの人々がこの駅を利用することになる。

撮影：野口昭雄

1300形＋1700系の特急（昭和29年）

七条から三条までの間は、鴨川と疏水の間の堤防上を走る京阪電車の色と形と音が長らく京都の街に華を添える風物詩となっていた。鴨川の増水や水害の時は、電車もともに被害を受けることがあったが、復旧も早く、市民を元気づけてきた。写真は四条付近。

古地図探訪

昭和26年／清水五条付近

五条通りは比較的新しく拡張された通りで、市電は敷設されていなかった。東にある祇園郵便局は現在の「東山郵便局」である。この当時、（祇園）四条～（清水）五条間の京阪本線は宮川町の花街、琵琶湖疏水の西側を走っていた。河原町通りの西、寺町通りの周辺には寺院が多く並んでいる。

撮影：荻原二郎

1900系の特急（昭和43年）

五条～七条間を淀屋橋に向かう1900系特急。三条から七条まで続くこの景観は、京都市から借用した鴨川（左）と琵琶湖疏水（右）の間の堤防上を走っていたことで生まれた。土地返還に伴い、この区間は地下化されている。

見所スポット

清水寺

平安遷都以前、観音信仰の霊場として開かれた清水寺。「清水の舞台」で知られる本堂は国宝で、世界文化遺産「古都京都の文化財」でもある。

五条大橋

鴨川に架かる歴史の古い橋のひとつ。清水寺の参詣のために架橋された橋で、有名な牛若丸（源義経）と弁慶の出会いの場とされるが、現在の「松原橋」との異説もある。

市比賣神社

河原町五条付近にある市比賣神社は、「女人守護」の神社で、女性に人気のパワースポット。

京阪本線

祇園四条《ぎおんしじょう》

四条大橋を渡り、阪急河原町駅と連絡
祇園、八坂神社、南座ほか名所ずらり

四條駅正面（昭和37年頃）

四条通りの北側にあった四条駅の改札口。京阪線秋の一大イベント「ひらかた大菊人形」の大きな看板が掲げられている。この駅舎の正面手前側は四条通を隔てて南座の建物が威容を誇っていた。

祇園四条駅（現在）

四条通りを挟んで南座の向かい側にある地上出入り口。ここにはかつて、もうひとつの歌舞伎小屋、北座があった。左の建物は老舗レストランの菊水。

300形（昭和32年）

鴨川畔を行く木造の300形２連。300形は初代1000形として大正13年に10両を新造。当時流行していた前面５枚窓、円屋根となった。戦後大津線に行き二代目300形に改造された。

京都の商業の中心地である四条河原町界隈の最寄り駅で、ライバル線のひとつ、阪急京都線との連絡駅ともなっている。大正4（1915）年の開業時は「四條（後に四条）」駅で、平成20（2008）年から現在の駅名となった。

駅名改称でもわかる通り、この駅は京都で代表する観光スポット、「祇園」の最寄り駅でもある。四条通りを東に向かえば、南座、花見小路交差点を通り、八坂神社、円山公園へ。春のお花見、都をどり、夏の祇園祭り、冬の顔見世（南座）のときには、特に乗降客が多くなる。

一方、四条大橋を渡って西に行けば、まず北側に先斗町の花街があり、間もなく高瀬川の四条小橋を渡る。すぐ先が四条河原町で、交差点角に高島屋京都店、京都マルイが建つ。この交差点の下に、阪急の河原町駅が開業したのは、昭和38（1963）年である。

四条駅が開業したのは、京阪線の三条延長時で、当初の線路は鴨川と京都疏水に挟まれた土手の上を通っていた。駅舎は四条通りの南北に分かれ、四条通りには踏切があり、市電とも平面交差していた。その後、四条線の市電は廃止され、昭和62（1987）年に京阪線も地下化される。この駅は地下駅となり、踏切による四条通りの渋滞も解消された。

四条駅（昭和40年頃）

改築された四条駅の駅舎と四条通りを渡る電車。左手奥に先斗町の和食店「いずもや」のビルがのぞく。

四条駅（昭和30年）

疏水と南座側から見た3000系特急。京阪本線の地下化によって線路跡は遊歩道になり、この付近の疏水の下に京阪線の地下線が建設された。

古地図探訪
昭和26年／祇園四条付近

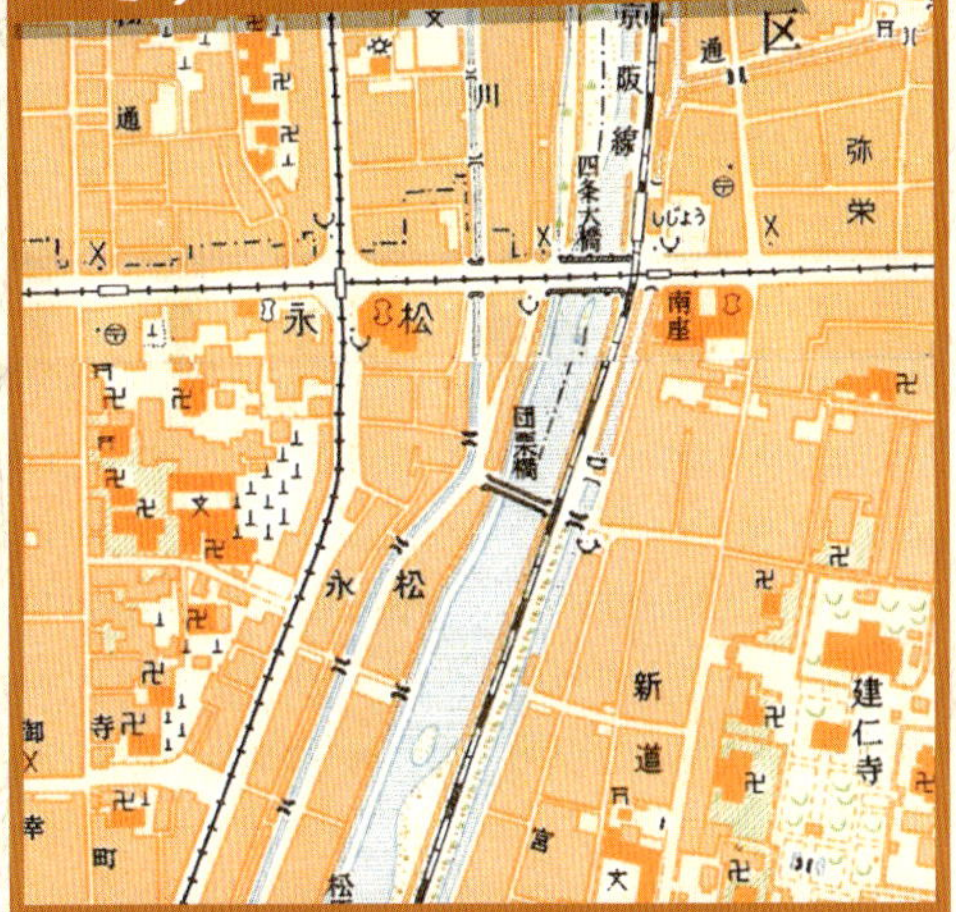

祇園四条駅の東北、「新橋通」の文字そばにある鳥居マークは、テレビ映像の紹介も多い「辰巳稲荷」。南の「新道」のそばにあるのは「京都恵比須神社」。この頃の阪急京都線の終点は「四条大宮」で、四条河原町まで開通するのは昭和38（1963）年である。四条河原町交差点の南西には寺院と墓地が多く、取り囲まれるようにして高島屋四条店がある。このあたりの高瀬川には、小さな橋が並んでいる。

6000系の電車（昭和59年）

四条付近を行く旧塗装の6000系。京阪の一般型車両としてスタイルを一新して昭和57年に登場した。各種列車に使用されて好評につき、7000系、9000系などの後継車が登場した。

見所スポット

円山公園

東山の麓に広がる公園で、国の名勝に指定。京都市民が愛するお花見の名所で、老舗の料亭、平野家本店は「いもぼう」料理で知られる。

八坂神社

「祇園さん」の愛称で知られ、「祇園祭り」が行われる八坂神社。四条通りに向かう西門付近は「祇園石段下」と呼ばれる観光スポット。

南座

江戸時代から続く関西を代表する劇場。毎年暮れに歌舞伎界の一大イベント、顔見世が行われる。「四条京阪前」のバス停は目の前に。

三条《さんじょう》

かつての始発、京津線とのターミナル
東海道の終点、鴨川の名橋のたもと

600系の普通電車（昭和53年）

三条駅における600系の普通（右）と1000系の急行（左）。共に車体更新で生まれたスタイルで、急行から普通まで幅広く活躍した。

三条駅、京阪三条南ビル（現在）

川端通り、大和大路通に挟まれた、京阪三条南ビル。京阪本線の地下化、鴨東線の延長によりに、駅周辺の風景は大きく変わった。

三条駅正面（昭和40年頃）

堂々たる構えだった三条駅の駅舎。壁には「大阪宇治奈良びわこ方面」の文字、左にはなつかしい「宇治川ライン」の看板が見える。

京都市民の間では長く「三条京阪」として親しまれているが、当初から駅名は「三條（現・三条）」である。もっとも、京阪本線の開業以前に、付近には、京津電気軌道（現・京津線）の三條大橋駅が存在（1912年開業）していた。

大正4（1915）年、京阪本線が五条から延長され、三条駅が京都側の起終点となった。大正12（1923）年に京津の三条大橋駅がこの駅横に移転、さらには京阪に合併されたことで、連絡駅としての機能は進化した。やがて、この駅周辺には京都近郊に向かう私鉄、市バスの停留所が整備され、市電（電停）こそなかったもの、京都中心部の重要なターミナル駅となった。

昭和62（1987）年、京阪本線が地下化され、地上にある京津線の三条駅は、京津三条駅となった。平成元（1989）年、京阪鴨東線の三条・出町柳間が開通し、途中駅になった。一方、平成9（1997）年、京津線の三条・御陵間が廃止、京津三条駅も廃止された。一方で、市営地下鉄東西線の開通に伴う、京阪の三条駅と連絡する、市営地下鉄の三条京阪駅が開設された。

この付近第一の観光スポットは、東海道の終点だった三条大橋で、この橋を渡ると先斗町の花街がある。

近鉄が乗り入れていた時代の三条駅（昭和40年頃）

京阪、近鉄京都線（旧奈良電）相互乗り入れ時代の三条駅での並び。右から淀屋橋行きの京阪1900系特急・京阪600形急行、近鉄奈良行きの近鉄430形（旧奈良電1000形）の面々。疏水を跨ぐ狭い三条駅の華やかな風景だった。

古地図探訪
昭和26年／三条付近

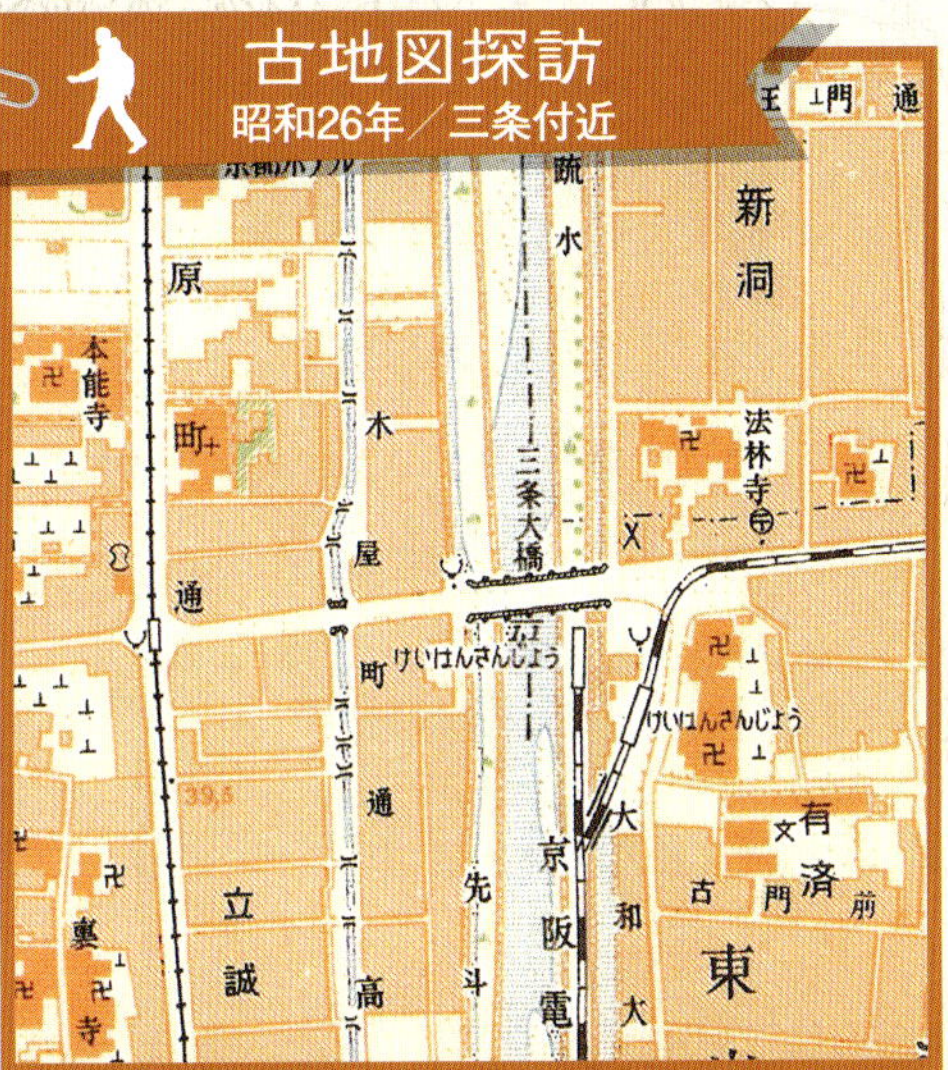

京津線との連絡駅だった頃の三条駅は、構内の面積がかなり広かった。現在の地上は、バスターミナルと低層商業施設「KYOUEN」に。京阪本線（鴨東線）の工事で姿を見せなくなった琵琶湖疏水は、二条周辺では地上にそのままで残っている。丸太町駅付近の線の京都市電・丸太町線は昭和51（1976）年に廃止された。

疏水と三条駅ホーム（昭和40年頃）

京阪本線は鴨川と疏水の間の狭い堤防上に敷設されたので、特認を得て三条駅は疏水をまたぐ形でホームや通路が建設された。そのため常に駅内に水の流れの音が聞こえていた。

見所スポット

三条大橋

鴨川に架かる三条大橋は、江戸から続く東海道五十三次の終点が置かれた場所。昭和25（1950）年の改修で現在の姿になった。

木屋町の高瀬川

鴨川の西を流れる高瀬川は、角倉了以が開いた運河。付近は木屋町と呼ばれ、材木を扱う店が多かった。春には桜の花がライトアップされる。

平安神宮

平安遷都1200年を祝い、開催された内国勧業博覧会で、平安京の大内裏の一部を復元。明治28（1895）年に創建された。

三条大橋（大正時代）

橋上から、三条小橋、木屋町方面を見た風景。東海道の終点らしく、多くの旅館が建ち並んで、人や車、自転車の往来も多かった。

三条大橋、鴨川（昭和時代）

三条大橋の西詰から、橋と京阪三条駅を臨む。三条大橋は昭和10（1935）年に起こった「鴨川大洪水」で流失した歴史をもつ。

高山彦九郎像（昭和戦前期）

江戸時代の勤皇思想家で「寛政の三奇人」のひとり、高山彦九郎の銅像が橋のたもとにある。この初代の銅像は昭和３（1928）年に建立され、戦時中に供出された。御所（北西）に向かい、拝礼している。

京津線20形（昭和30年）

三条駅に到着の京津線20形。大正２年製の旧16形木造車を戦中に鋼体化したもので、80形の投入により昭和41年までに廃車。前後で車輪径の異なる台車（マキシマムトラクション）を履いていた。

京津線260形（昭和51年）

三条駅に浜大津から到着の京津線260形２連の準急。京津線および石山坂本線の石山寺への直通準急列車は、京阪線の木造車を鋼体化した260形が主力となっていた。

京津線80形（昭和36年）

三条駅に到着した京津線80形。路面区間、専用軌道区間に共用できる普通列車用として昭和36～45年に16両が新製された。旧性能ながら非常に乗り心地がよかった。

鴨東線

神宮丸太町《じんぐうまるたまち》、出町柳《でまちやなぎ》

平安神宮、京都御所に近い神宮丸太町 出町柳は、鞍馬方面へ叡山電鉄と連絡

神宮丸太町駅（現在）

丸太町通りと川端通りの交差点北西にある地上出入り口。出町柳駅方面に向かう路線バスが見える。

賀茂大橋を渡る遊覧バスの絵葉書（昭和時代）

高野川と賀茂川の合流地点に架かる賀茂大橋は昭和6（1931）年に竣工している。右手奥には京都電燈（現・叡山電鉄）の出町柳駅が見える。今出川橋を走るのは「京都名所遊覧乗合自動車」。

平成元（1989）年、京阪本線の三条駅から延長され、叡山電鉄と連絡する鴨東線が開通し、丸太町、出町柳の2駅が開業した。ともに地下駅で、平成20（2008）年、丸太町駅は神宮丸太町駅と改称した。駅名改称でわかる通り、神宮丸太町駅は「丸太町」通りと川端通りの交差点に位置し、平安神宮、岡崎公園（市立美術館、動物園などがある）の最寄り駅である。西北には京都御所、御苑があり、鴨川の散策にも便利な駅である。

一方、三条に代わり、新たな起終点となった出町柳駅は、ここから北の鞍馬、貴船、比叡山（八瀬経由）方面に向かう叡山電鉄との連絡駅の機能を果たすようになった。出町柳は、以前から京都市電（後に市バス）や私鉄バスが発着する、京都の北のターミナル駅で、賀茂川と高野川が合流する重要な場所でもあった。付近には京都御所、御苑のほか、下鴨神社、糺（ただす）の森があり、京都大学や同志社大学・同志社女子大学、京都造形芸術大学の学生も通学に利用する。

「出町柳」は、もともとは鴨川の右岸の「出町」と、左岸の「柳（の辻）」という2つの地名を合わせて生まれた。大正14（1925）年、京都電燈の出町柳駅が開業し、その後に京福電鉄を経て現在、叡山電鉄の駅となっている。

古地図探訪
昭和26年／出町柳付近

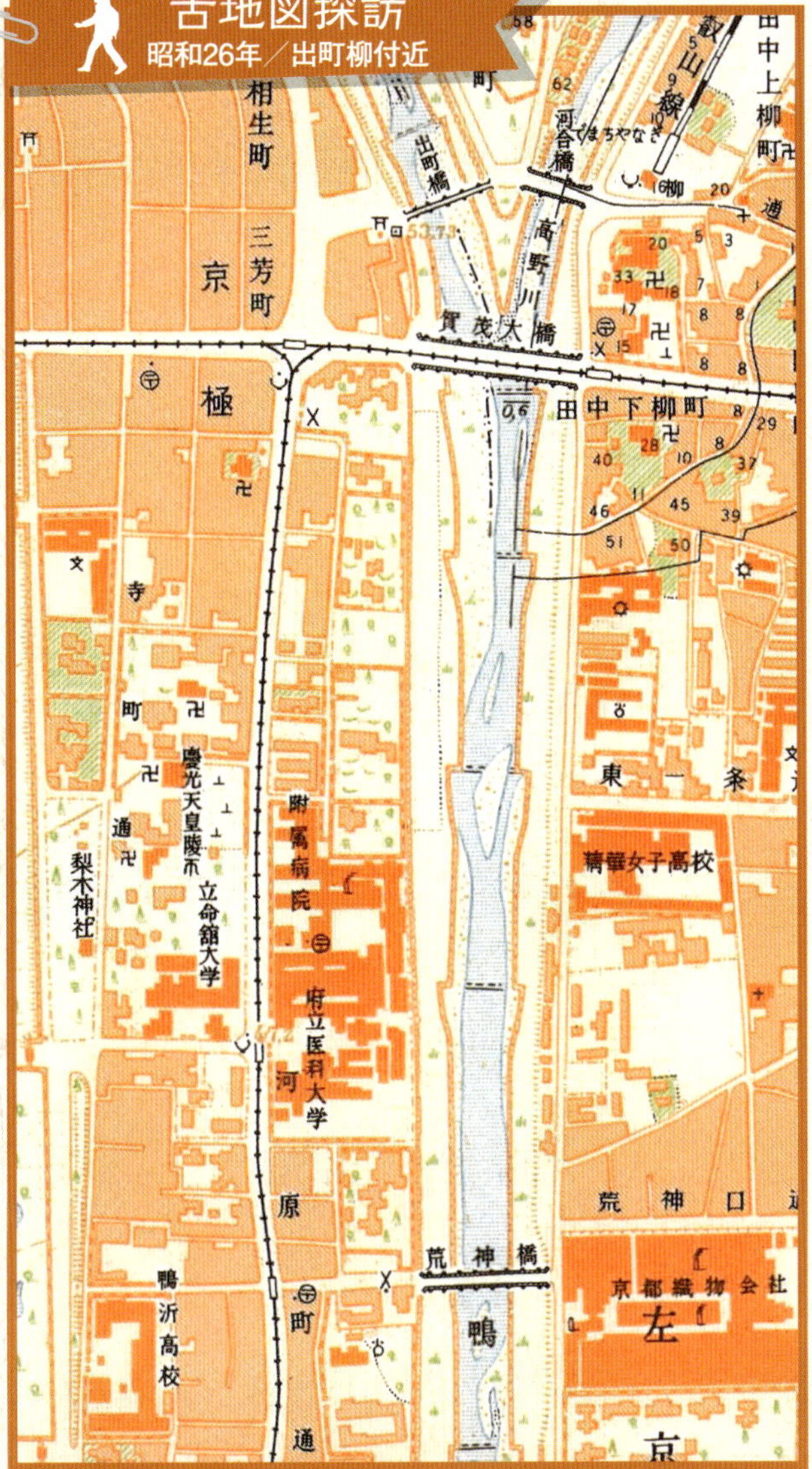

鴨東線が開通する前の出町柳駅周辺。この当時は、叡山電鉄の出町柳駅周辺が、京都の北のバスターミナルで、市電の停留場とは徒歩による連絡だった。現在は、京阪の駅と今出川通りを挟んで地下で結ばれている。河合橋の名称は、糺(ただす)の森の神社名に由来する。出町橋のたもとの鳥居マークは「出町妙音堂(妙音弁財天)」。

叡山電鉄の出町柳駅(現在)

大正14(1925)年、京都電燈(現・叡山電鉄)の駅として開業。その後は長く京福電鉄の駅として親しまれていた出町柳駅。

叡山電鉄出町柳駅(現在)

地下連絡通路を通り、京阪の出町柳駅と結ばれている叡山電鉄の出町柳駅。正面はデオ730形、右側には愛称「きらら」のデオ900形が停車中。

見所スポット

下鴨神社(賀茂御祖神社)

ユネスコに登録されている世界遺産「古都京都の文化財」のひとつ。創建は不詳だが、京都の神社の中で最も古い歴史をもつ社のひとつといわれる。

鴨川の公園

加茂川と高野川が合流し、鴨川となって南に流れるのが出町柳駅前。川に飛び石が置かれ、子供が水遊びをできる公園になっている。

鯖街道の石碑

出町柳西詰の鴨川のほとりには、若狭(現・福井県の一部)に向かう鯖街道の石碑が立つ。

京阪電車が大阪・天満橋から京都の五条まで開通したのが明治43年４月15日。仰山の人出からみて、写真は五条駅が開業した当日か、その直後の撮影のようだ。発車待ちをしている電車はオープンデッキ・木造ボギー車の１形。天満橋までの所要時間は開業時100分であったが、大正元年には80分に縮め、大正２年からは急行運転を開始している。

七条大橋を渡る京都市電広軌１形。木橋の七条大橋が七条通りの拡幅と市電の建設で今も現役のコンクリート橋に架け替えられたのが大正２年３月、同時に橋上に市電が開通した。一方京阪電車の五条～三条間の延長は大正４年10月のことで、この絵葉書にはまだ写っていない。従って撮影は大正２年の七条大橋完成直後といえそうだ。

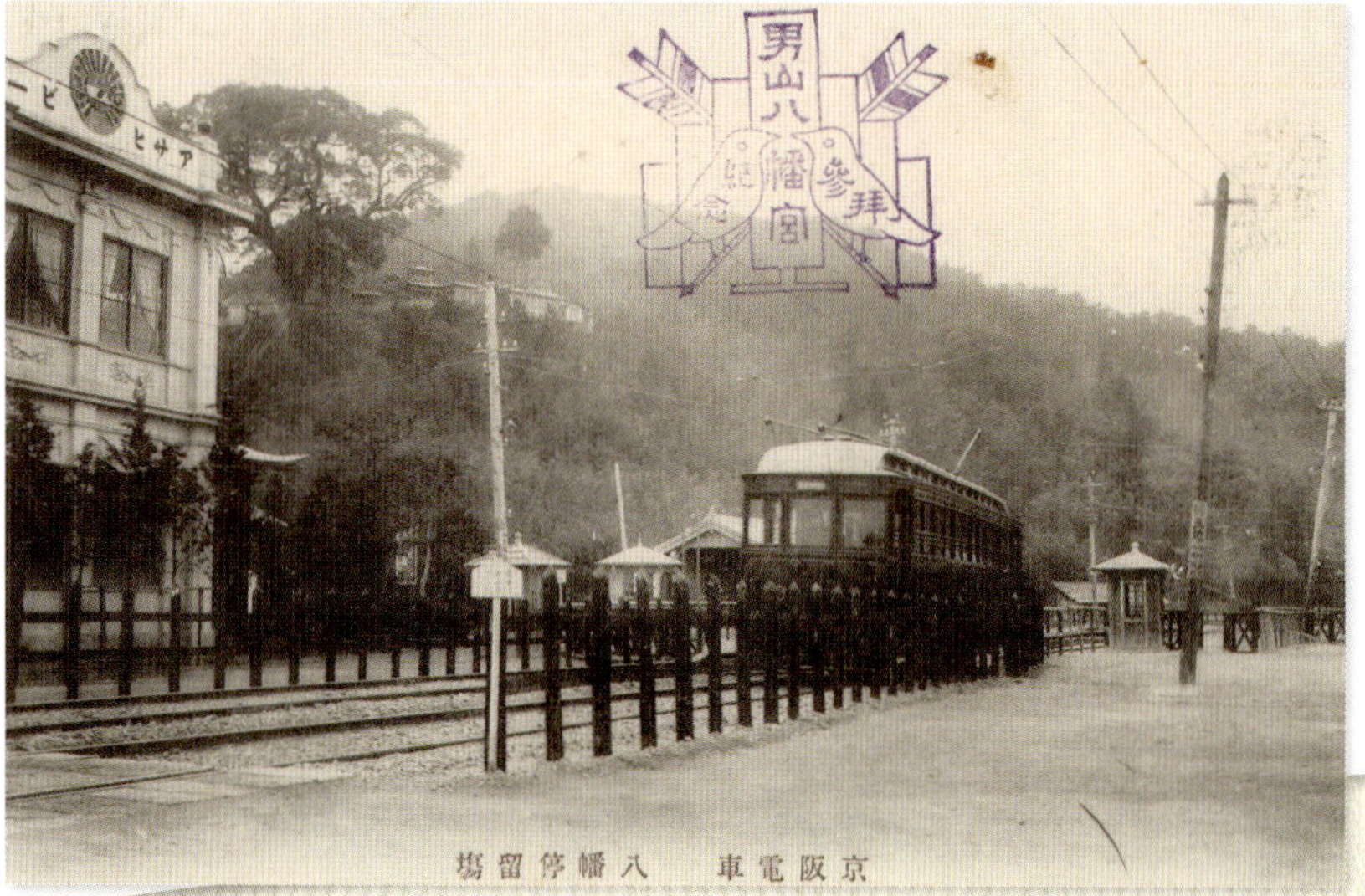

開通後間もない京阪線・八幡（現・八幡市）駅の模様である。１形車両も駅施設も真新しいので、明治43年の開通直後の撮影と見てよい。左手奥の男山の山容も、駅ホームの位置も現在と同じである。駅前のアサヒビールの文字を掲げたレストランへは、まだケーブルが無い時代の石清水八幡宮への参拝客が下山の折に立ち寄ったことだろう。

COLUMN
絵葉書で見る沿線風景（京都）

（文・三好好三）

京阪電車の沿線風景のうち、京都市内の中心部を走る三条～七条間については多くの写真絵葉書が残されている。

現在のように地下化される前は、この区間は鴨川と琵琶湖疏水の間に設けられた土手の上を走っていた。こうした絵葉書の中には、開業時の終点だった五条駅の様子や、四条通りで京都市電と平面交差している風景も見える。

また、京阪鋼索線（男山ケーブル）が開通する前の八幡市（当時・八幡）駅の構内を撮影したものもある。古い歴史を誇る京阪本線の過去を知ることができる貴重な資料といえるだろう。

三条大橋停留場における京津電気軌道（現・京津線）の1形電車。京津電軌は大正元年（1912）８月15日に開業した京都と大津を結ぶ軌道線で、写真は三条通りの路上に三条大橋停留場が開設された当時の撮影（停留場は大正12年２月に京阪三条駅の東側に移転）。１形車両は大正14年の京阪合併後も活躍したが、昭和初期に廃車となった。

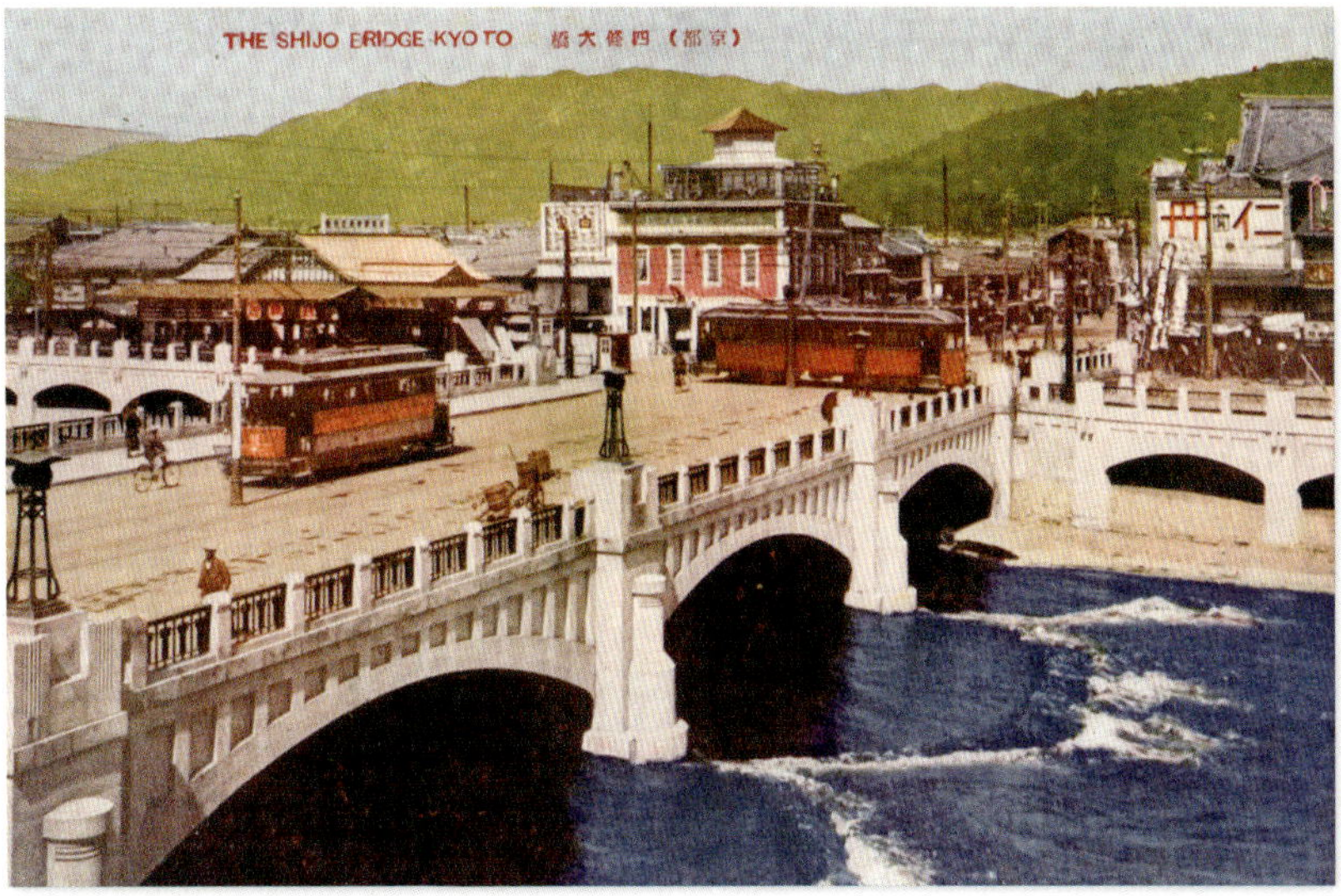

電車は四条大橋を渡る京都市電広軌１形と、市電と平面交差して四条通りを渡る京阪電車の１形である。京阪が五条から三条まで延長したのが大正４年10月。右端の南座西側には「仁丹」の大型広告が見えるが、古都の美観を汚すと朝日新聞に叩かれて大正５年頃までに市内の大広告は全て撤去された。以上から撮影は大正４～５年の間と思われる。

京津線

東山三条《ひがしやまさんじょう》、蹴上《けあげ》 九条山《くじょうやま》、日ノ岡《ひのおか》 御陵《みささぎ》

三条通りに蹴上、九条山など4駅あり 御陵は地下駅となり、地下鉄と併用

撮影：荻原二郎

三条大橋付近の京津電車（大正時代）

三条大橋停留場（大正時代）　開通したばかりの京津線の電車を見ようと、多くの人が集まって来ている。

京津電気軌道の電車、南禅寺付近（大正時代）

南禅寺付近を走る京津電気軌道（後に京阪京津線）の電車。右奥には蹴上に至る、京都電気鉄道（京電、後に市電）鴨東線の電車が見える。

現在の京阪京津線の始発駅は御陵駅であるが、かつては京阪本線と結ばれる（京津）三条駅が始点だった。ここでは、三条・御陵駅間にあった4駅も紹介する。

廃止前の区間は旧国道1号線（三条通り）との併用軌道が続いていた。最初の停車駅は東山三条駅。この駅は大正元（1912）年に現在も地名が残る「古川町」駅として開業。昭和24（1949）年に東山三条駅となった。平成9（1997）年に廃止、現在は付近に京都市地下鉄東西線の東山駅が置かれている。

「蹴上」といえば、京都市浄水場が置かれ、また、琵琶湖（京都）疏水のインクラインでも有名である。京津線の蹴上駅は大正元年の開業時から存在し、戦時中に一時休止したが、すぐに再開されて平成9年まで存在した。九条山駅は昭和11（1936）年、「天文台下」駅として開業。昭和18（1943）年に「九条山」駅となり、平成9年まで存続した。

日ノ岡駅は大正元年に開業し、太平洋戦争中に廃駅となるも、昭和28（1953）年に復活し、平成9年に廃止された。

御陵駅は大正元年の開業した地上駅であったが、この旧駅は平成9年に廃止された。同時に地下区間に東西線の御陵駅が誕生（京阪がは共同使用）、浜大津方面からの電車が乗り入れている。

古地図探訪
昭和30年／東山三条～日ノ岡付近

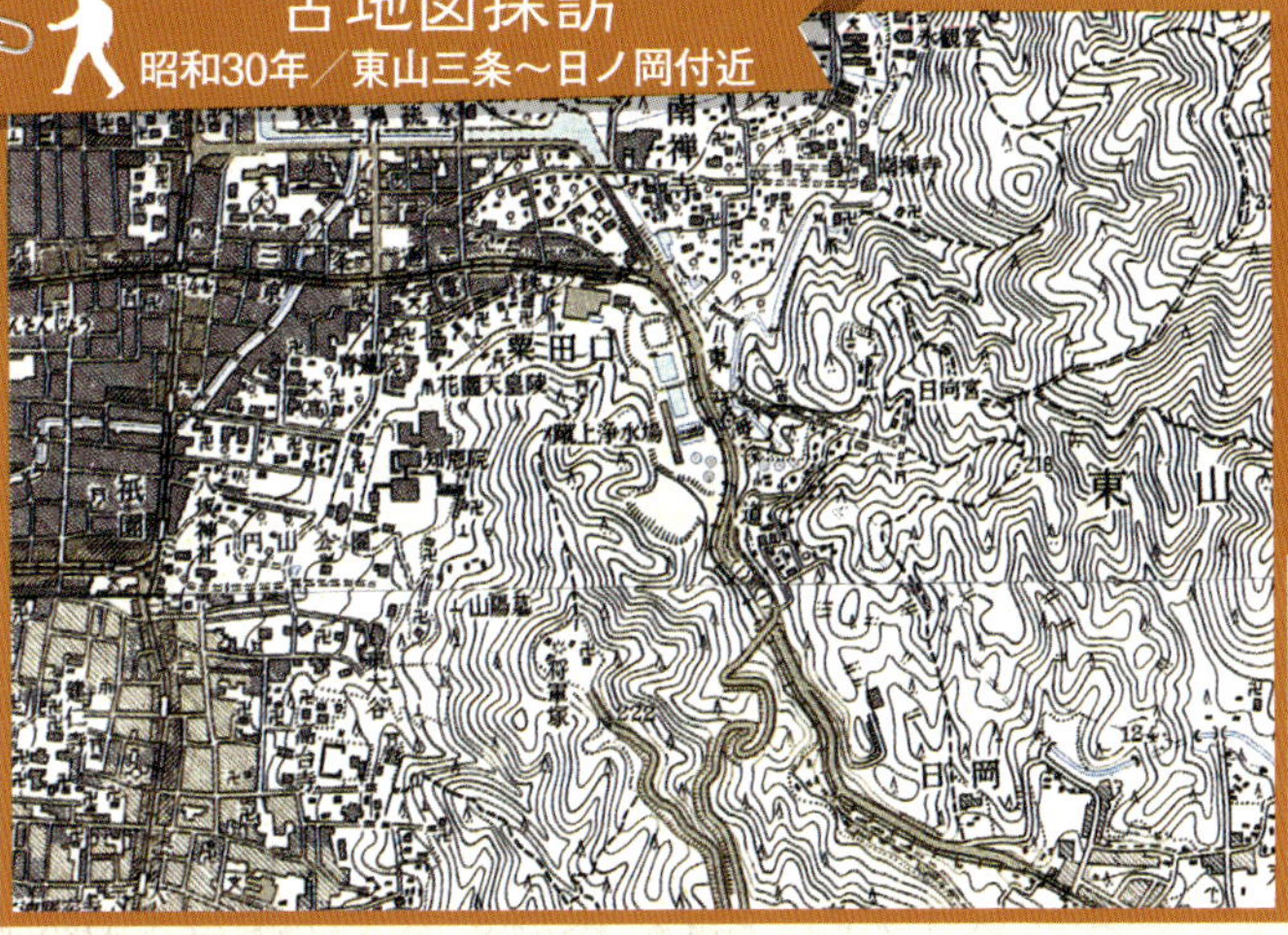

旧国道1号（旧東海道、三条通り）を走ってきた京津線は、「蹴上浄水場」の北に位置する蹴上駅を過ぎると、大きく南にカーブして御陵方面に進む。行く手には「日岡（日ノ岡）」があり、その先には天智天皇陵（御陵）があることがわかる。「日岡」の南には、昭和4（1929）年に設立された「京大花山天文台」がある。

京津線56号（昭和30年）

京津線東山三条に停車中の56号。昭和7～8年に51～58を新製、昭和24年の四宮車庫火災で全車被災したが55、56のみ復旧した。昭和43年12月に廃車となった。

蹴上インクライン（大正時代）

琵琶湖疏水の舟運のために造られた蹴上の傾斜鉄道（インクライン）。平成8（1996）年に国の史跡に指定された。

撮影：中村靖徳

京津線80形（昭和40年頃）

京津線蹴上停留場で客扱い中の80形。単行の区間列車で、高床ホーム、低床ホームどちらも対応していた80形が威力を発揮している。この85号車は昭和41年2月製。

見所スポット

南禅寺

臨済宗南禅寺派の大本山で、江戸時代には京都五山、鎌倉五山の上位に置かれる格の高さを誇った。国宝の三門（山門）は、石川五右衛門のエピソードで知られる。

蹴上インクライン

琵琶湖疏水の舟運ルートの一部として、明治から昭和（戦後）まで使用されてきた。台車に舟を乗せ、電力で引き上げていた。

蹴上浄水場

明治45（1912）年から、京都市に水道を給水してきた浄水場。つつじの名所として、春には一般公開される。北西にはウェスティン都ホテル京都がある。

京津線

京阪山科《けいはんやましな》、四宮《しのみや》、追分《おいわけ》

京阪山科でJR東海道線、湖西線連絡
京都、滋賀府県境に四宮、追分駅設置

京阪山科駅（現在）

京阪山科駅は平成8（1996）年、地下鉄東西線開業に伴い、改築された。地下道により、JR・地下鉄山科駅と結ばれている。

京阪山科駅（昭和40年）

二階建ての木造駅舎だった頃の京阪山科駅。この頃は2面2線の島式ホームが使われていた。

京津線70形（昭和39年）

京津線四宮駅に進入する70形。京阪線の木造車の鋼体化で昭和18～23年に10両を製造したが、昭和24年8月の四宮車庫火災で9両を失い、72号車のみ生き残った。昭和42年に廃車、守口工場を経て寝屋川工場の入換え車として今も健在。

京阪山科駅は東海道線、湖西線を走る新快速などが停車する、JR山科駅との連絡駅。駅の南には大丸山科店があり、周辺は京都市山科区の中心である。

京阪の駅は大正元（1912）年に「毘沙門道」駅として開業。これは駅の北に天台宗の寺院、出雲寺（毘沙門堂）があるためである。大正10（1921）年には国鉄（現・JR）駅前にあることから、「山科駅前」駅に改称、昭和28（1953）年に現駅名となった。

京津線の三条～御陵間の廃止後は、御陵駅とこの京阪山科駅の間で、京阪、地下鉄の両線が分岐することとなり、地下鉄側にもうひとつの山科駅が置かれた。その地下鉄山科駅が、駅東側を走る京都府道外環状線の地下に存在する。

四宮駅は大正元年、京都府、滋賀県の府県境付近に開業した。「四宮（四ノ宮）」の地名は仁明天皇の第四皇子、人康親王に由来する。この第四皇子（四宮）ゆかりの寺が十禅寺で、付近が四宮河原という地名で呼ばれるようになったという。

追分駅も大正元年に開業した。昭和49（1974）年、インターチェンジの設置、国道1号の拡張に伴い、駅付近の線路を北側に移し、昭和54（1979）年に新駅舎が完成した。「追分」の地名は東海道、大津（伏見）街道の分岐点に由来する。

京津線500形（昭和58年）

四宮駅を発車した二代目500形の２連。500形は260形６両を昭和54 ～ 56年に車体更新、新性能化したもので、平成４～５年に廃車、車体は700形に流用された。

古地図探訪
昭和27年／京阪山科付近

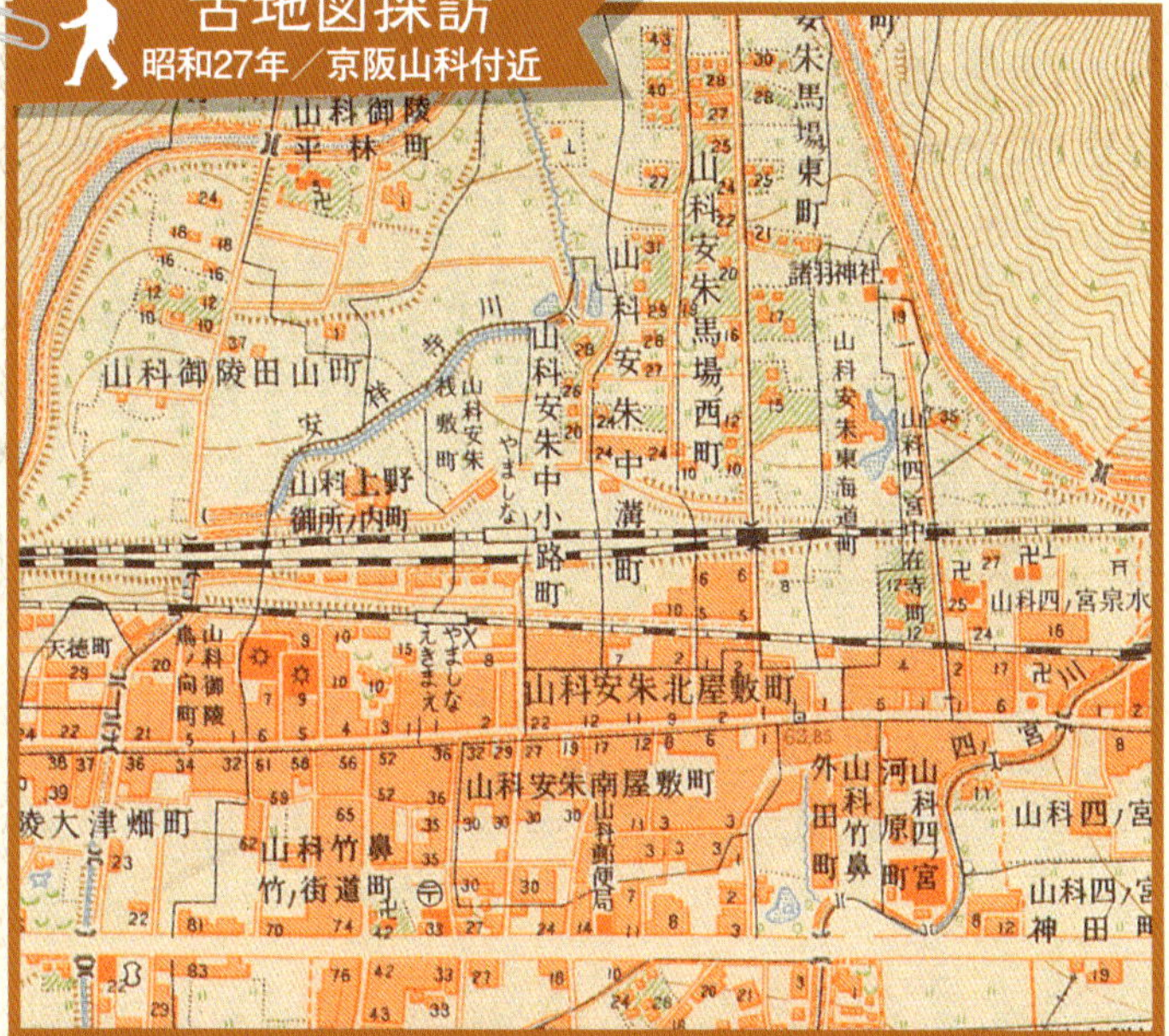

このあたりの京津線は、国鉄（現・ＪＲ）線の南側をほぼ平行に走っている。両線に挟まれた四ノ宮泉水町には２つの寺院、十禅寺と円光寺がある。南側を東西に走るのは三条通りで、南北に貫く京都府道外環状線はまだ開通していない。京阪山科駅の北から西へ、安祥寺川が流れている。

四宮の留置の800系（現在）

四宮駅の北側には、大正元年の開設された「四宮車庫」が置かれていた。しかし、平成10年に車庫の建物が解体されて留置のみとなった。

四宮駅（現在）

平成９（1997）年から使用されている四宮駅の駅舎。改札口は京都方面行きホームの浜大津寄りにある。駅名表示板の色は青から黒になった。

追分駅（現在）

滋賀県の中では最も西にある追分駅。昭和７（1932）年に専用軌道化され、昭和54（1979）年に現在のような駅となった。

見所スポット

毘沙門堂

大宝３（703）年、行基により開かれた毘沙門堂。天台宗五箇室門跡のひとつで、七福神の毘沙門天を祀る。

山科疏水

琵琶湖疏水の分線で、四ノ宮から日ノ岡まで約4.2キロメートルの沿道には桜並木が植えられ、遊歩道として整備されている。

勧修寺

醍醐天皇の開基、承俊の開山になる勧修寺は、真言宗山階派大本山の寺院。境内の氷室の池は、美しい蓮で知られる。

京津線

大谷《おおたに》、上栄町《かみさかえまち》、浜大津《はまおおつ》

大谷に国鉄駅の歴史、上栄町の長等公園 琵琶湖の玄関口に位置。石山坂本線連絡

浜大津付近から上栄町方面を臨む(現在)

浜大津駅から上栄町方面に続く国道161号(西近江路)が京阪京津線との併用軌道になっている。

浜大津駅(現在)

大正14(1925)年の開業以来、移転や改築を繰り返してきた浜大津駅。現在はスカイプラザ浜大津、京阪大津ビルと歩道橋で結ばれている。

撮影：荻原二郎

大谷駅は大正元(1912)年、京津線の開通時に開業している。当時、この地には国鉄(現・JR)の大谷駅が存在していた。国鉄駅は明治12(1879)年、官設鉄道(東海道線)の京都～大谷間が開通した際の終点で、後に東海道線のルート変更により廃止された。

上栄町駅は大正元年、「長等公園下」駅として開業。当時は現・浜大津駅の手前にあった札の辻駅(昭和21年廃止)が京津線の終点だった。上栄町駅も戦時中に廃止されたが戦後に復活し、昭和34(1959)年に現駅名に改称した。

浜大津駅は大正14(1925)年、京津線の延長時に開業している。ここには明治中期から、東海道線の初代大津駅が存在し、長浜までの鉄道連絡船と結ばれていた。また、大正2(1913)年には江若鉄道の新浜大津駅、大津電気軌道(現・京阪石山坂本線)の大津駅(同年に浜大津駅に改称)が誕生していた。

しかし、東海道線に新線が誕生、琵琶湖の水運が衰退し始めると、京津線と石山坂本線、江若鉄道との連絡駅の役割が強くなる。昭和14(1939)年に京津と石山坂本線の連絡線ができ、乗換えがスムーズに。昭和44(1969)年に江若鉄道は廃止され、現在はJR湖西線が湖西地方の交通手段となっている。

撮影：荻原二郎

浜大津駅前を走る石山坂本線の電車（昭和43年）

浜大津駅を出て、交差点にかかる石山坂本線、260形の電車。また、江若鉄道の浜大津駅が存在し、京津線と石山坂本線の駅が統合される前の姿である。

大谷駅のベンチ（現在）

日本有数の急傾斜の駅のため、ホームに設置されたベンチの脚の長さが異なっている。

上栄町駅（現在）

上栄町駅は千鳥式配置の２面２線のホームをもつ地上駅で、これは京都方面行きのホーム。改札口がなく直接、ホームに入ることができる。

古地図探訪

昭和27年／上栄町・浜大津付近

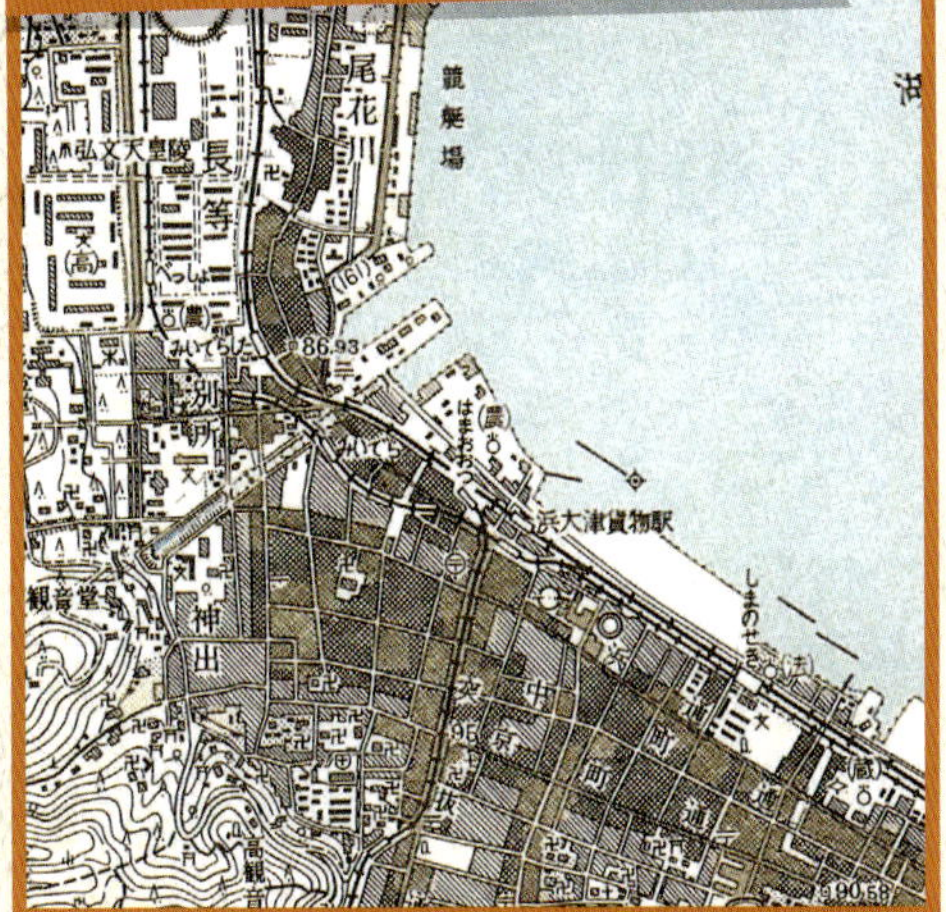

上栄町の周辺は、大津でも古い歴史をもつ地域。駅の西側には青龍寺、善光寺など多くの寺院は点在する。浜大津駅の西北には琵琶湖疏水の取水口があり、水路が（三井寺）観音堂方面に延びている。この当時は、国鉄の貨物線、浜大津貨物駅が存在し、昭和40（1965）年までは江若鉄道が旅客営業を担っていた。

撮影：荻原二郎

浜大津駅正面（昭和60年）

昭和56（1981）年に京津、石山坂本線の駅は統合され、新駅舎となった。「京都へ急行20分」の看板が目立つ。

京津線200形（昭和30年）

浜大津駅に停車している石山坂本線の200形。大正７～14年製の元京阪線100形の改番車で、戦後転入してきた。昭和32年から廃車になり機器は260形に転用された。

見所スポット

びわ湖大花火大会

昭和59（1984）年から開催されている湖上の花火大会。水中スターマインが有名。

琵琶湖ホテル（昭和時代）

「浜大津アーカス」にある琵琶湖ホテルは京阪グループの名門ホテル。この初代ホテルは昭和９（1934）年、柳が崎に開業した当時の建物で、ホテル施設が移転した後は大津市が買い取り、文化施設「びわ湖大津館」となっている。

琵琶湖遊覧御案内のパンフレット（昭和戦前期）
京阪では大阪、京都方面から琵琶湖周辺の行楽地に観光客を送り込むための優美なパンフレットを作成していた。表紙には、湖面を行く遊覧船がデザインされている。

びわ湖遊覧御案内のパンフレット（昭和戦前期）
昭和４（1929）年に会社名を改めた「太湖汽船（現・琵琶湖汽船）」が発行していたパンフレット。船上のデッキでくつろぐ男女と湖面に浮かぶ島、遊覧船が描かれている。

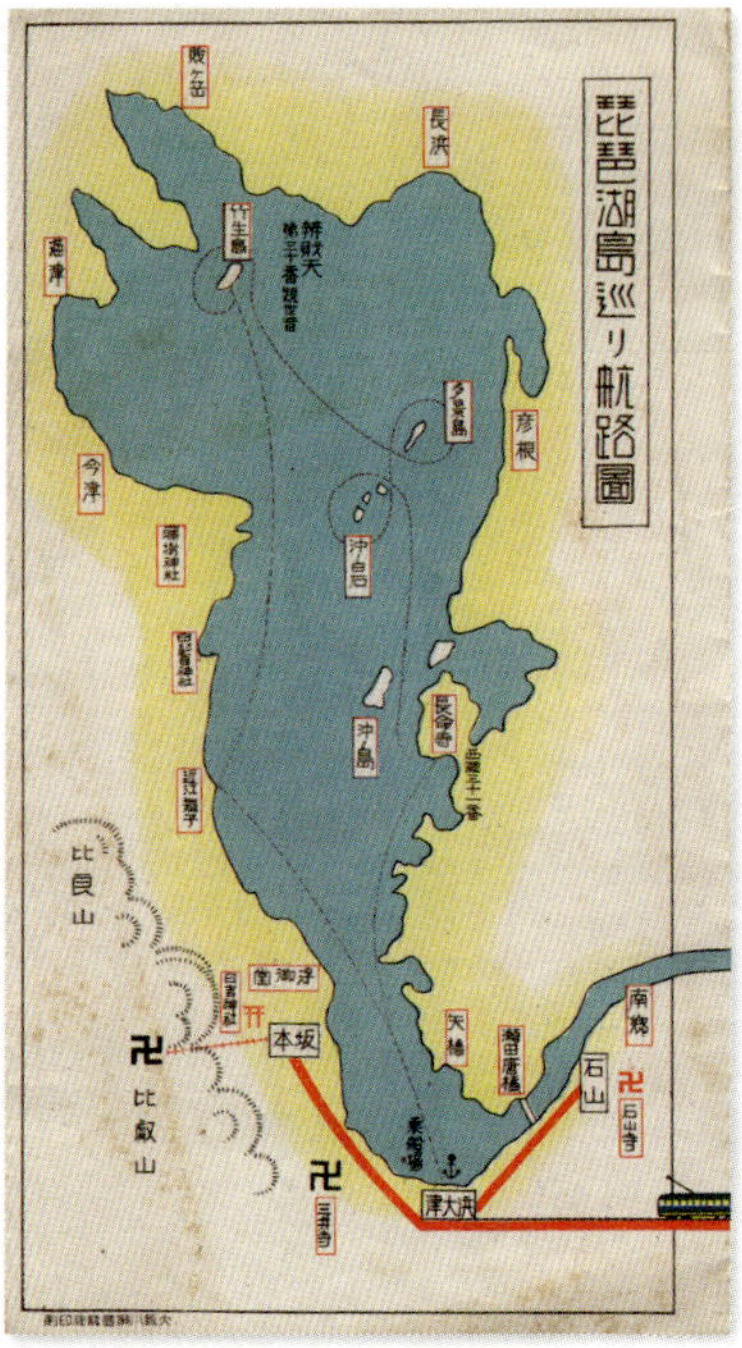

琵琶湖島巡り航路図（昭和戦前期）
日本一大きな湖、琵琶湖の各地を巡る「島巡り」の航路図。湖南の浜大津港を起点にして、湖北の多景島、竹生島などを巡っていた。

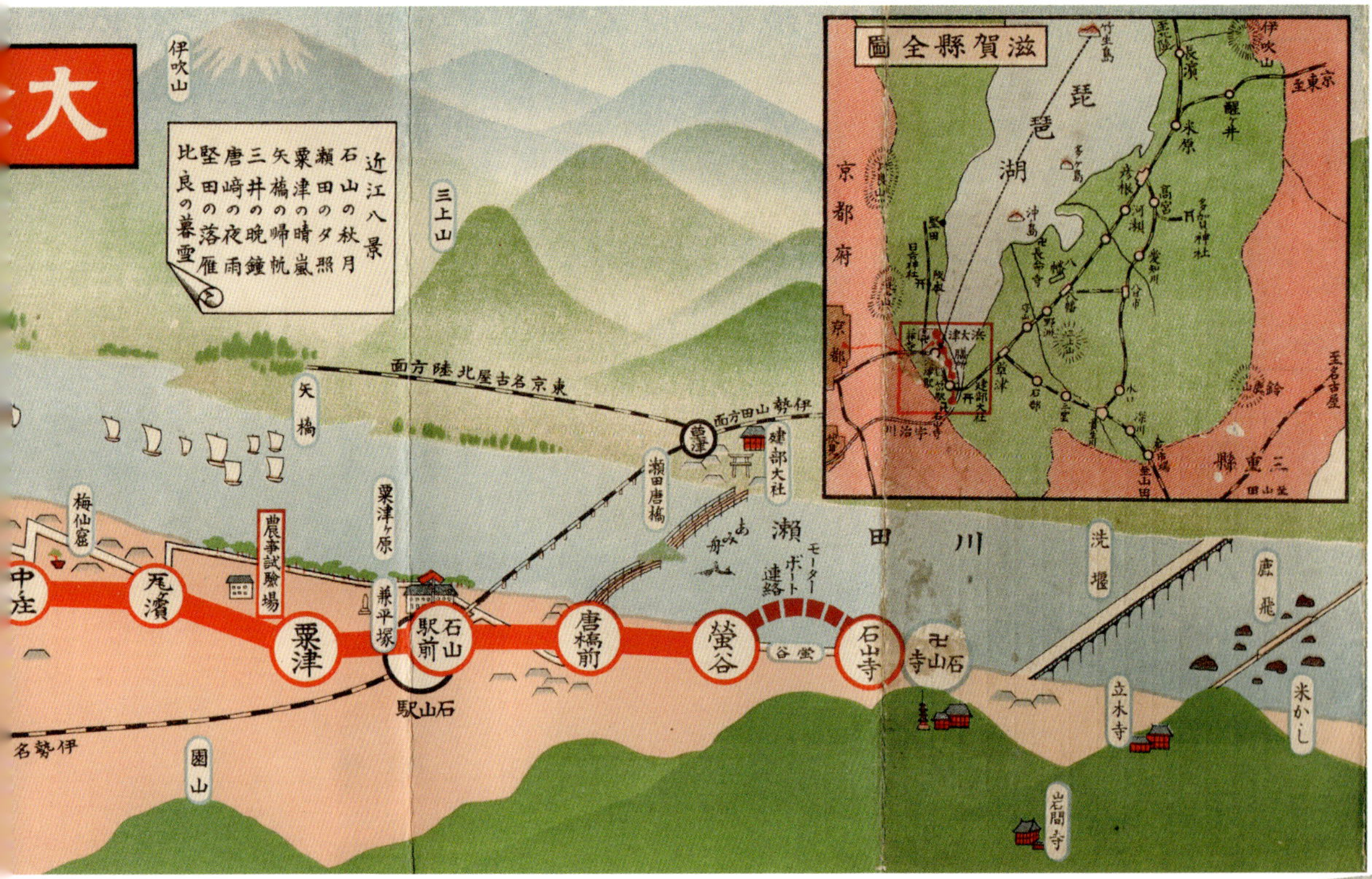

COLUMN
琵琶湖観光と京阪電車

日本最大の湖、琵琶湖は「近畿の水がめ」であるとともに「近江八景」に代表される関西有数の観光地でもある。大阪、京都方面からは東海道線（国鉄、現・ＪＲ）を利用する以外に、京阪電鉄（本線、京津線）を使って浜大津に出る方法が最も便利だった。

この浜大津駅は湖水（琵琶湖）観光の拠点だった。京阪も資本参加した「太湖汽船（現・京阪グループの琵琶湖汽船）」のみどり丸、竹生島丸、桃太郎丸のほか、京阪（湖南汽船）の京阪丸も加わり彦根、長浜などの湖東方面、塩津、近江舞子、坂本などの湖北、湖西方面を結んでいた。琵琶湖沿岸の各地には、長命寺、白鬚神社、竹生島弁財天といった名刹、古社があった。また、湖西方面の各地は夏場、水泳場としても大いに賑わい、冬にはマキノ、箱館山などのスキー場に京阪神方面からスキー客が押し掛けた。

もうひとつ、京阪がこの方面の路線を重要視した理由がある。戦前から戦後にかけて、石山線の石山寺駅からバスで石山外畑に行き、そこから船に乗り換えて宇治の大峰堰堤まで行く「宇治川ライン」という観光コースが存在していた。昭和39（1964）年、天ヶ瀬ダムが完成した後も、「新宇治川ライン」として営業していたが、間も無く廃止されている。

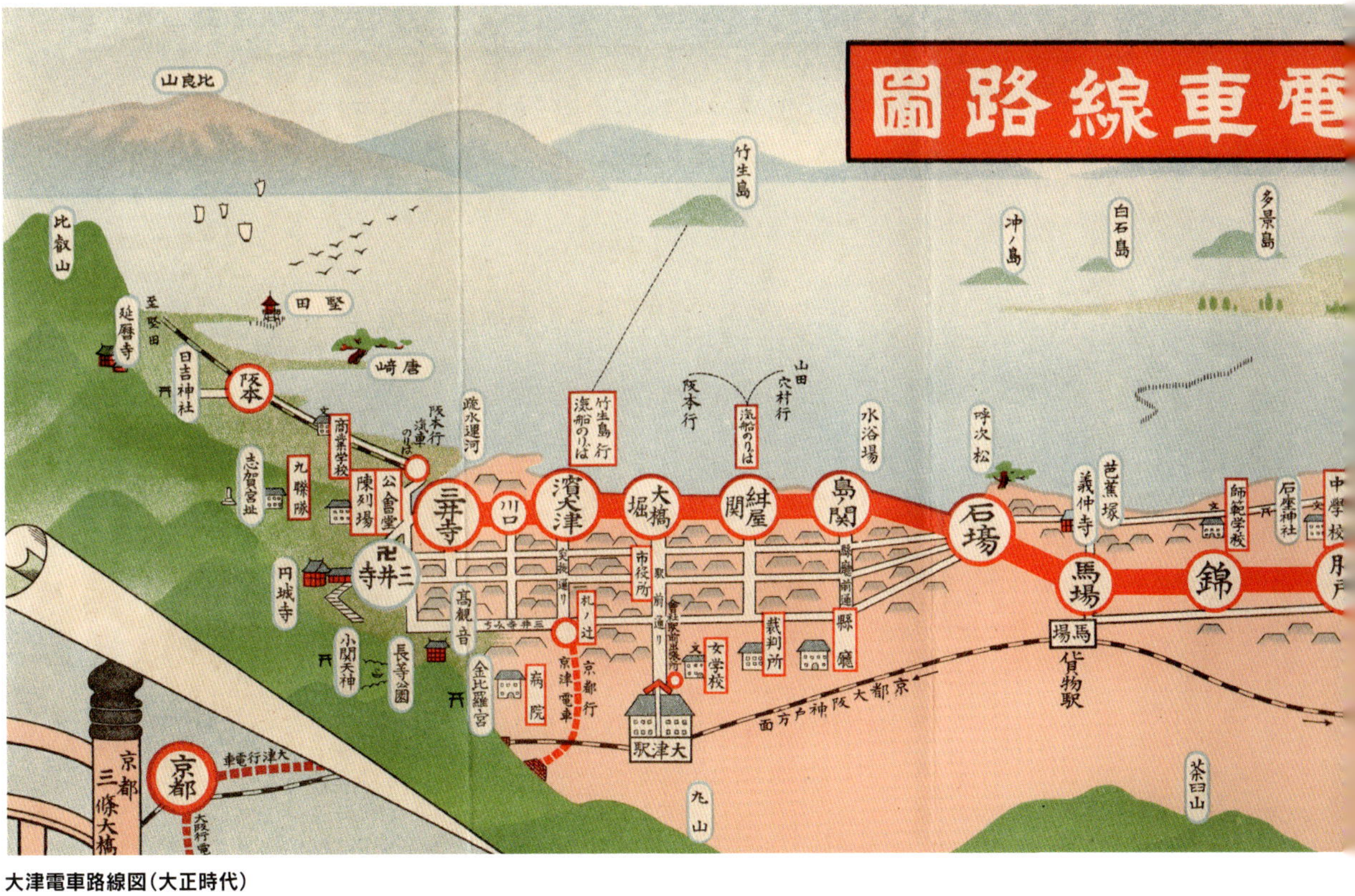

大津電車路線図（大正時代）

大正２（1913）年に大津（現・浜大津）～膳所（現・膳所本町）間が開業し、湖南、湖西方面へ路線を伸ばしていった石山坂本線の前身、大津電車（軌道）。「大橋堀」「紺屋関」など廃止された駅名も見える。三井寺から左上に延びる路線は今はなき江若鉄道である。

石山坂本線《いしやまさかもとせん》（石山寺《いしやまでら》〜浜大津《はまおおつ》）

大津電気軌道が前身、大正2年に開業 湖南の名所を結び、紫式部ゆかりの寺へ

京阪膳所駅（現在）

相対式２面２線ホームをもつ地上駅で、駅舎は坂本方面往きの石山寺寄りに置かれており、構内踏切をもつ。

撮影：中村靖徳

島ノ関駅（昭和40年代）

当時の200形電車では、肩から鞄を下げた車掌が中央扉の開閉も担当していた。電車は３線軌道を膳所方面に向かう。

撮影：荻原二郎

京阪膳所駅（昭和43年）

ＪＲ膳所駅に隣接して建つ京阪膳所駅。開業当時は馬場駅で、「膳所駅前」駅をへて、昭和28（1953）年に現駅名となった。

浜大津駅と石山寺駅の間には島ノ関、石場、京阪膳所、錦、膳所本町、中ノ庄、瓦ヶ浜、粟津、京阪石山、唐橋前の10の駅が存在する。沿線には終点の駅名となっている石山寺のほか、膳所城跡、瀬田の唐橋など名所旧跡が多く、「近江八景」の景勝地を走る観光路線である。

もともとは前身の大津電気軌道が大正2（1913）年、大津（現・浜大津）と膳所（現・膳所本町）間に開業した路線で、線路は国鉄貨物線と共用だった。その後、次第に線路を伸ばし、大正3（1914）年に石山（現・石山寺）までの全線が開通した。昭和2（1927）年、湖南汽船と合併して琵琶湖鉄道汽船にさらに昭和4（1929）年に京阪と合併したことで、石山線となった。昭和6（1931）年からは、坂本線の坂本駅まで直通運転が実施され、昭和31（1956）年、両者は「石山坂本線」に統合された。

終点の石山寺駅は、当初は「石山」駅であったが、昭和12（1937）年に「石山寺」駅に改称。隣の螢谷駅が廃止されたことで、一時的に「石山螢谷」駅と改称されたこともあった。また、京阪石山駅は当初、「石山駅前」駅と名乗った（昭和28年改称）ことが示すように、国鉄（現・ＪＲ）石山駅との連絡駅である。

京津線30形（昭和38年）

現在の石山坂本線を行く30形の２連。30形は京津線用に大正15・昭和３年に12両を新製、晩年は石山坂本線で過ごした。昭和43年に廃車となった。

石山寺駅（現在）

頭端駅３面２線のホームをもつ地上駅。現在の駅舎は平成３（1991）年に竣工した。ホームには近江神宮前行きの電車が停車している。

京津線260形（昭和32年）

石山坂本線の島ノ関～石場間を行く260形石山寺行き。国鉄膳所駅から浜大津を結ぶ狭軌の国鉄線が京阪の線路と重複し、島ノ関～京阪膳所付近は３線区間になっていた。京阪電車、国鉄の蒸気貨物列車、江若鉄道の膳所直通気動車が走った。昭和44年に３線方式は廃止。

古地図探訪

昭和30年／京阪石山・唐橋前付近

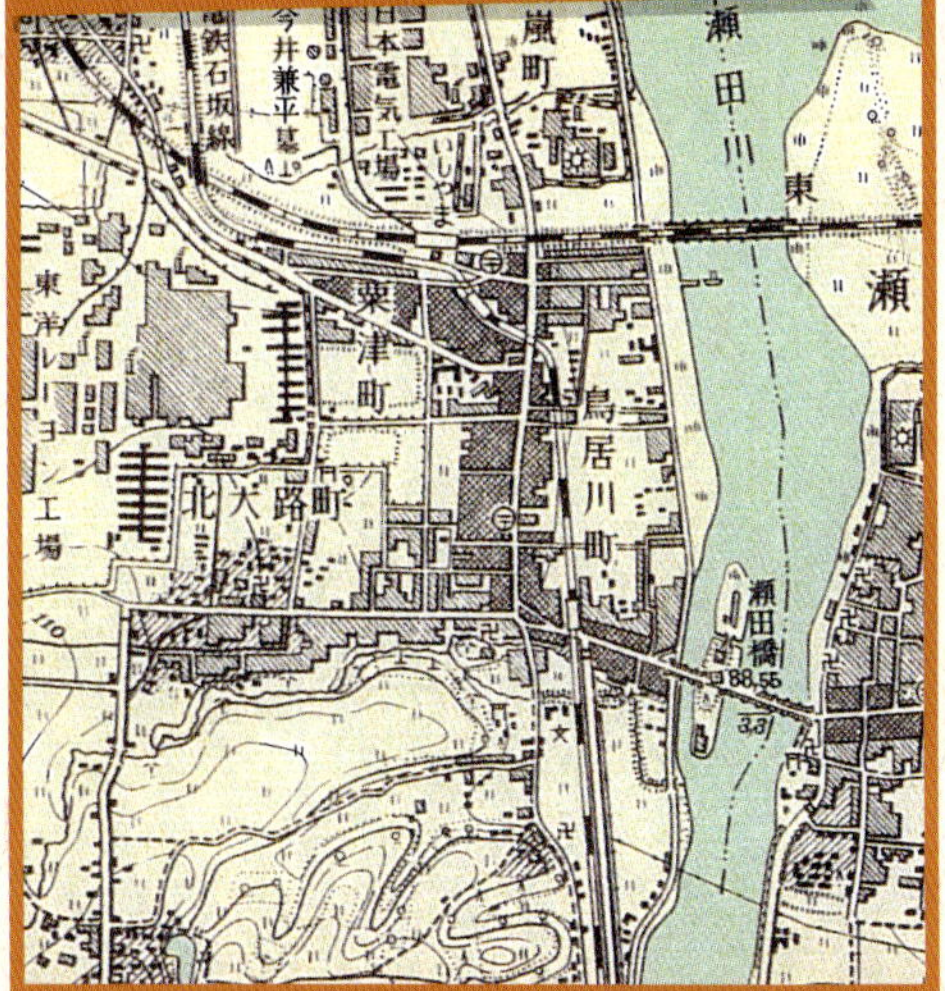

京阪線の線路は国鉄（現・ＪＲ）線と交差しながら、南の石山寺駅に向かう。名刹、石山寺は駅のさらに南にある。線路の東側には、瀬田川が流れ、有名な瀬田唐橋が架かっている。現在はその南に東海道新幹線、名神高速道路が走っている。「粟津」は源氏、平家が戦った場所で、木曽義仲家臣の「今井兼平墓」が残っている。

見所スポット

膳所城跡公園

大津市本丸町の膳所（ぜぜ）城の跡地は市民が集まる公園になっている。京阪の三条駅付近には昔、膳所藩の京屋敷があり「膳所裏」といわれたつながりがある。

石山寺の多宝塔

本堂とともに国宝に指定されている石山寺の多宝塔。鎌倉時代の建久5（1194）年建立の墨書きがある。平成24（2012）年3月、約9ヵ月かけた平成大修理が完成した。

石山寺の東大門

良弁開基の真言宗の寺院、石山寺は紫式部が『源氏物語』の着想を得た場所といわれる。参道入り口の東大門は、重要文化財に指定されている。

石山坂本線《いしやまさかもとせん》
（浜大津《はまおおつ》～坂本《さかもと》）

比叡山の麓、坂本駅でケーブル線と連絡
江若鉄道と競争し、現在は湖西線と共存

撮影：荻原二郎

坂本駅（昭和43年）

昭和41（1966）年に竣工した、鉄筋コンクリート造りの坂本駅。当時はシンプルな構えの駅舎だった。

撮影：荻原二郎

三井寺駅（昭和50年）

大正11（1922）年の開業当時は、終点駅だった名残りを残し、三井寺駅には現在も上下ホームにそれぞれ改札口が設けられている。

坂本駅のホーム（現在）

頭端式１面２線のホームをもつ地上駅。１番線に２両編成の石山寺行きの普通電車が停車している。

浜大津駅と坂本駅の間には三井寺、別所、皇子山、近江神宮前、南滋賀、滋賀里、穴太、松ノ馬場の8駅が存在する。石山線同様、沿線には三井寺、日吉大社、近江神宮などの名所、野球場や陸上競技場のある皇子山総合運動公園などの観光、レジャースポットが点在している。

先に浜大津より南東に向かう石山線を建設した大津電気軌道は、大正11（1922）年、今度は浜大津～三井寺間の坂本線を開通させた。こちらも徐々に路線を伸ばし、昭和2（1927）年に坂本までの全線が開通した。昭和31（1956）年、石山線と統合、改称されて「石山坂本線」となった。

終点の坂本駅は、比叡山延暦寺に向かう坂本ケーブル（比叡山鉄道線）のケーブル坂本駅との連絡駅である。京都府にまたがる比叡山延暦寺は、世界遺産に登録されている名刹で、東側から登る窓口がこの駅である。皇子山駅は、JR湖西線の大津京（開業時は西大津）駅との接続駅である。また、別所駅は大津市役所の最寄り駅で、昭和42（1967）年、市役所が移転してくる際に駅の位置もずらした経緯がある。旧駅の坂本方面ホームは現存している。この駅と皇子山駅が皇子山総合運動公園の最寄り駅である。

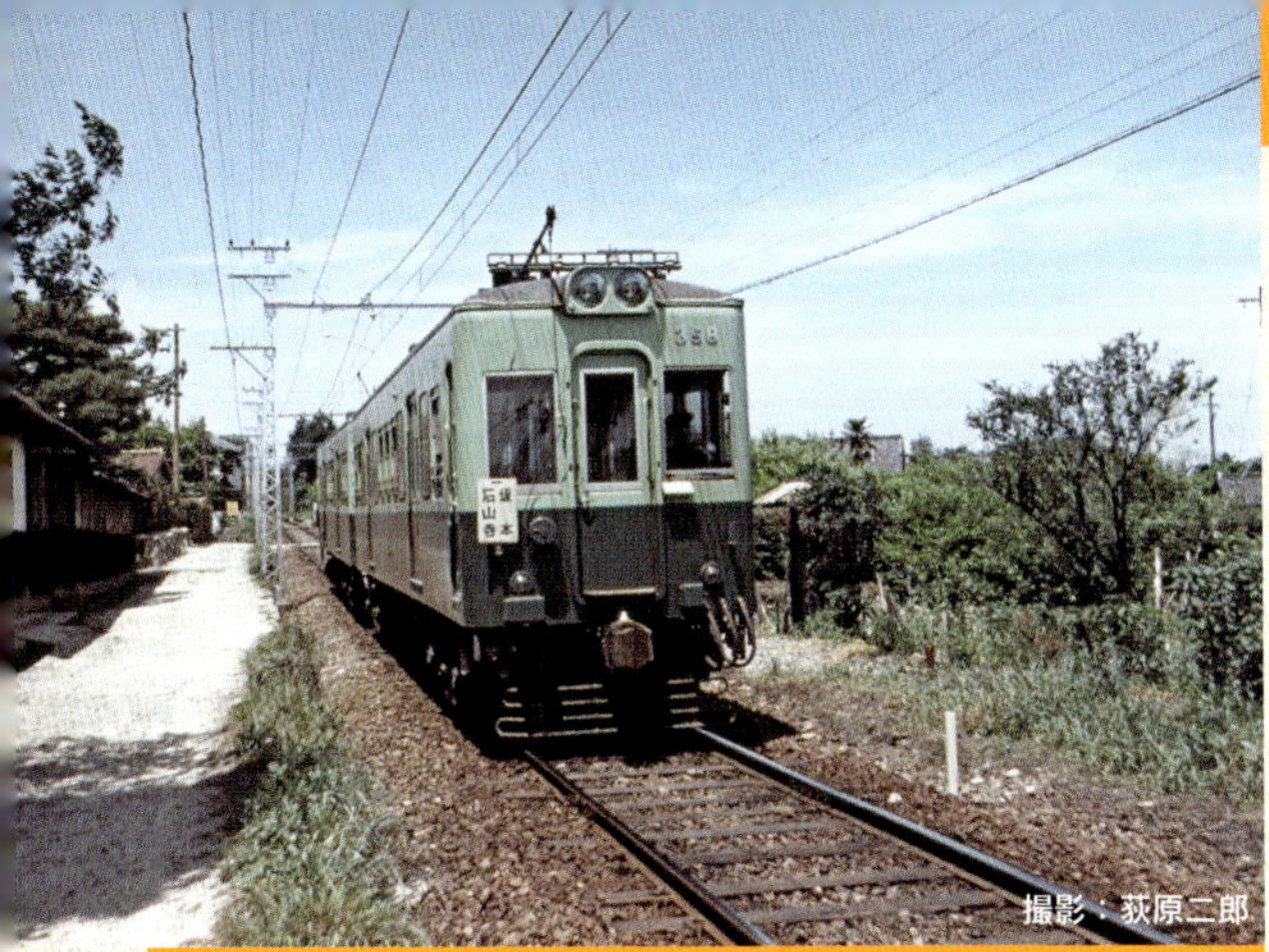

京津線350形（昭和42年）

石山坂本線の坂本付近を走る350形の２連。穴太～坂本間は終戦直前の昭和20年３月に単線化されたが、平成９年９月、52年ぶりに複線に戻り、京阪全線の複線を実現した。

浜大津駅付近（昭和戦前期）

滋賀県における陸上、水上輸送の要だった頃の浜大津駅周辺。京阪とともに、江若鉄道が乗り入れていた。京阪京津線、石山坂本線の電車が見える。

古地図探訪

昭和30年／松ノ馬場・坂本付近

延暦寺、日吉神社の門前町である坂本に京阪の駅ができたのは昭和２（1927）年８月。同じ年の３月にはケーブル坂本駅が開業している。現在は東側にＪＲ湖西線の比叡山坂本駅が生まれている。駅の北にある「〒」マークは大津坂本本町郵便局、西にある「高」は高校野球の名門、比叡山高校である。

比叡山ケーブル延暦寺駅（現在）

比叡山ケーブルは、比叡山延暦寺に向かう東からのルート。西ルートには、ケーブル八瀬からの叡山ケーブル、ロープウェイがある。このケーブル延暦寺駅は平成9（1997）年、国の登録有形文化財になっている。

比叡山ケーブルもたて山駅（現在）

比叡山ケーブルは昭和２（1927）年に坂本（現・ケーブル坂本）～叡山中堂（現・ケーブル延暦寺）間が開業。この「もたて山」駅と「ほうらい丘」の２つの中間駅がある。

見所スポット

比叡山延暦寺

伝教大師最澄が開いた天台宗の本山。住職（貫主）は「座主」と呼ばれ、朝廷からの信仰が篤かった。国宝の根本中堂など文化財も多い。

日吉大社

全国にある日吉、日枝、山王神社の総本社。西本宮、東本宮は国宝に指定されている。神様のお使いは「神猿（まさる）」として知られる。

生田 誠（いくた まこと）

昭和32年、京都市東山区生まれ。東京大学文学部美術史学専修課程修了。産経新聞東京本社文化部記者などを経て、現在は地域史・絵葉書研究家。絵葉書を中心とした収集・研究を行い、集英社、学研パブリッシング、河出書房新社、彩流社等から著書多数。

【鉄道写真解説】

三好好三（みよし よしぞう）

昭和12年、東京市世田谷区生まれ。国学院大学文学部卒業。高校教諭を務め、昭和56年から執筆活動を開始。JTBパブリッシング、学研パブリッシング、彩流社等から鉄道に関する著書多数。

【写真撮影】

荻原二郎、古林茂春、中村靖徳、野口昭雄（敬称略）

【絵葉書所蔵】

森 安正、高田 聡（敬称略）
（特記以外は生田誠 所蔵）

彩流社

京阪電車《けいはんでんしゃ》　街《まち》と駅《えき》の1世紀《せいき》

発行日……………………2015年2月5日　第1刷　　※定価はカバーに表示してあります。

著者………………………生田 誠
発行者……………………竹内淳夫
発行所……………………株式会社彩流社
〒102-0071　東京都千代田区富士見2－2－2
TEL. 03-3234-5931　FAX.03-3234-5932
http://www.sairyusha.co.jp

編集協力…………………株式会社フォト・パブリッシング
装丁………………………古林茂春（STUDIO ESPACE）
デザイン・DTP ………柏倉栄治
印刷………………………モリモト印刷株式会社
製本………………………株式会社難波製本

ISBN 978-4-7791-2359-7 C0026